JN439317

둠벙을 푸다

둠벙을 푸다

김창희 수필집

계간문예

작가의 말

삶을 되돌아보며 글을 쓰는 것이 즐겁다. 아침 일찍 일어나 사색하고 기도하며 삶의 행간을 찾아 아침단상을 쓴다. 하루는 길어도 한 주일이 빠르고 삶의 둠벙에 이야기가 쌓여 간다. 언제부터 그 글들이 무겁게 느껴져, 책으로 묶어보고 싶어졌다.

삶의 둠벙을 푸면 내 속에 있는 것이 모두 드러난다. 기억이나 아쉬움이 베일을 벗고, 말하지 못한 이야기가 빛을 받아 맺힌 매듭이 풀리기도 한다. 그동안 내 둠벙 속에 어떤 물고기가 얼마나 자랐는지를 보여주고 싶다.

인생 2막에 시작한 글쓰기에 동행하신 하나님의 은혜와 인도하심이 내 삶의 둠벙에 들어있다. 그 사랑을 감사하며 찬양한다.

요즈음은 삶의 위로를 자식보다 손주들을 보면서 더 많이 느낀다. 친손주 다인, 은성, 외손주 라온, 이든이가 늘 눈에 선하다.

책 발간을 위해 지도해주신 정종명 계간문예 발행인과 도움을 준 차윤옥 편집주간에게 감사드린다.

2024년 4월

■ 차례

2부 누구에게나

3부 살며 생각하기

4부 더 나은 내일

5부 못 다한 이야기

1부

기억 속에서

둠벙을 푸다

둠벙을 푸는 날이었다. 당시 열두 살이던 나에게 그날은 잊을 수 없는 추억으로 남아 있다.

며칠 전 밥상머리에서 아버지가 샘골 논의 둠벙을 퍼야겠다고 하셨다. 그때부터 마음이 설레어 손가락을 꼽으며 잠을 설치기까지 하였다.

논 근처를 지나다 보면 논 가운데 움푹 꺼진 작은 물웅덩이를 볼 수 있다. 흔히 생태연못이라고 불리는 작은 연못인데, 농사를 짓기 위해 만들었다. 논은 특성상 여름 내내 물에 잠겨 있어야 한다. 하지만 장마철에 유독 강수량이 집중하는 한국의 기후로 인하여, 논에 지속적으로 물을 제공하기에는 어려움이 많다.

이 때문에 갈수기 때 논에 물을 안정적으로 제공할 방법이 필요했고, 조상들은 논 가운데나 근처에 작은 웅덩이를 만들어 물을 저장하는 방법을 고안해 냈다. 그렇게 만든 웅덩이가 바로 둠벙이다.

둠벙에는 일 년 내내 물이 고여 있는 까닭에 물고기가 많이 산다. 3~4년에 한 번씩 추수가 끝난 가을에 둠벙을 퍼서 물고기를 잡았다. 요즈음은 경지정리가 잘 되고 물 공급이 쉬워 둠벙이 거의 사라졌다. 더구나 병충해 예방을 위해 농약을 자주 뿌리는 탓에 둠벙을 퍼서 물고기를 잡지 않는다.

"창희야, 너 왜 이리 설치냐. 차분히 좀 있어라."

아버지가 식전부터 부산을 떠는 나에게 벌써 몇 번째 꾸중을 하셨다. 하지만 친구들에게 큰 자랑거리를 말하고 싶어 입이 근질거려 엉덩이를 붙이고 앉아 있을 수 없다.

둠벙을 풀 때는 두 사람이 두레질을 한다. 함석으로 된 소쿠리 모양의 두레를 두 사람이 줄을 당겼다 놓으며 물을 푼다. 둠벙에 물이 줄어들면 족대 그물을 가지고 들어가 바닥을 흝는다. 족대를 들어 올릴 때마다 어른 손바닥보다 큰 붕어, 메기, 미꾸라지, 가물치 등이 쏟아져 나왔다. 그때마다 친구들에게 들리도록 내가 소리, 소리 질렀다. 양동이 두 개에 넘칠 만큼 물고기를 잡았다. 내 목이 쉬어 말이 나오지 않을 정도로 소리를 질렀던 그날을 어찌 잊을 수 있겠는가.

나도 인생의 둠벙을 몇 번 펐다. 교직에 들어오면서, 교장 발령을 받기 위해 신원 조회라는 이름으로 그동안 살아온 인생의 둠벙을 퍼서 확인하였다. 큰 물고기는 없었지만 먹어도 될 만큼 오염되지 않았던 모양이다.

스스로 둠벙을 푸기도 했다. 퇴임하고 써 온 글을 모아 아들의 결혼을 핑계 삼아 수필집을 출간했다. 잘 모르면 용감한 것이 사실이었다. 카톡에 남아 있는 기록도 피해 갈 수 없는데 책으로 남긴 글들은 다시 읽을 때마다 부끄러웠다. 걸러지지 않은 거친 말과 가족의 시시콜콜한 이야기가 공개되었다. 마음의 준비가 부족했던지 아내가 많이 불편해했다.

또 하나의 둠벙은 수필가로 문단에 등단하고 1년이 지나서 펐다. 하고 싶은 말이 많았는지 짧은 시간에 52편의 글을 내놓았다. 부족함은 알지만 눈앞의 언덕을 넘어야 앞으로 나갈 수 있다는 조언에 공감했던 결과물이었다.

둠벙을 자주 푸면 그 속의 물고기는 깨끗할지 모르지만 기대할 만한 성과를 찾기 어렵다. 그렇다고 둠벙을 한 번도 푸지 않으면 둠벙이 썩거나 자신을 잘 몰라 앞으로 바르게 나아가기 어렵다.

눈만 뜨면 쏟아지는 소식 중에 정치 이야기가 가장 많은 것 같다. 공직이나 국회의원, 대통령이 되려면 넘어야 할 산이 많다. 자신의 둠벙이 청문회나 선거에서 탈탈 벗겨지는데 용기가 없으면 어렵다. 진실보다 '아니면 말고'로 매도되는 억울함도 있고 선을 넘는 과도한 둠벙 푸기도 곧잘 당한다.

나는 둠벙을 펐던 추억이 행복하다. 구경도 했고 당할 때도 있었으며 스스로 둠벙을 푸기도 한다. 아쉬운 점이 있었지만 큰 욕심을 내지 않았던 까닭에 둠벙에 대한 트라우마가 적다. 앞으로 몇 번 더 둠벙을 푸고 싶다. 양동이에 넘치는 물고기로 친구들에게 다시 한번 큰소리치고 목이 쉬었으면 좋겠다.

태풍이 지나가면

비도 오고 바람도 분다. 차창을 때리는 빗방울이 거세다. 와이퍼가 빠르게 빗물을 쓸어내지만 앞이 잘 보이지 않는다. 길가 가로수가 부러질 듯이 흔들리고 떨어진 나뭇잎이 어지럽게 휘날린다. 태풍이 오는 모양이다. 그러고 보니 며칠 전 기상예보에 태풍 소식이 있었던 것 같다. 일기예보에 태풍이 등장하면 예상 경로를 시간대별로 안내한다. 아직 내가 사는 곳은 영향권에 들지 않았지만, 태풍 이야기만 들어도 왼쪽 무릎이 시큰거린다.

형님의 농사일을 2년 동안 도왔다. 교사 임용 발령이 늦어 마음이 초조한데 몸까지 힘들었다. 보리 수확과 모내기를 끝마치고 숨 좀 돌리려다 태풍을 만났다.

집 앞으로 작은 도랑물이 흐르고 그것을 경계로 흙과 돌로 쌓은 담장이 있었는데, 볼 때마다 초라하고 위태로웠다. 결국 태풍을 견뎌내지 못하고 무너졌다.

중학교 교사인 형님이 쉬는 날을 택하여 함께 담장을 쌓기로 했다. 무너진 담장이 5m 정도 길이인지라 전문가의 손을 빌리지 않아도 쌓을 수 있을 것 같았다.

공사는 시작부터 난관에 봉착했다. 무너진 돌을 치우는데 멀쩡한 것 같던 나머지 돌담이 무너지기 시작했다.

"아이고, 안 돼!"

급한 마음에 두 손과 무릎으로 담장을 붙잡았지만 기어이 와르르 무너지고 말았다. 무너진 돌에 발등이 찍히고 무릎이 꺾여 한 달 넘게 목발을 짚어야 했다. 물어보나 마나 담장 공사는 전문가의 손으로 넘어갔다. 덕분에 돌 대신 블럭으로 담장을 쌓아 보기 좋다고 위로했으나, 내 무릎은 계속 쑤셨다.

우리나라에 불어오는 태풍은 열대저기압으로 연평균 2~3개 정도라고 한다. 태풍은 폭풍과 강한 비를 동반하기 때문에 건물이나 어선, 비닐하우스가 무너지고 농작물 침수, 제방 붕괴, 산사태 등의 피해가 심하다.

이런 태풍이 우리나라를 지나가면 지역과 사람에 따라 피해가 다르다. 운 좋게 비껴가기도 하고 사전에 준비를 잘해서 피해를 줄이기도 한다.

인생에도 태풍이 있는 것 같다. 한평생 살다 보면 누구나 한두 번의 태풍을 만나기도 한다. 작은 비바람도 태풍으로 겪는 사람이 있고 큰 태풍을 작은 비바람인 양 견디어내는 사람도 있다.

J는 전 직원이 50여 명 되는 아버지의 사업을 물려받았다. 1997년 우리나라에 불어 닥친 IMF라 불린 외환위기는 지인 J의 인생에 태풍이 되었다. 잘 나가던 중소기업이 태풍에 날아갔다. 있던 재산을 다 날리고 빚더미에 몰리자 가족은 10년 넘게 뿔뿔이 흩어져 살았다.

죽을 것처럼 아프던 세상이 세월의 흐름에 무디어지더니 새살이 돋아났다. 태풍에 넘어져도 다시 일어선 사람에게는 기회가 오는 모양이다. 그때만큼은 아니지만 J의 사업은 다시 활기를 띠고 있다. 가끔 J의 가족은 그들이 겪은 태풍 이야기를 지금도 한단다.

생각해 보면 태풍은 예고 없이 찾아온 듯하지만 자세히 살펴보면 그 징후는 사전에 있었다. 내 탓도 있지만 세상의 어쩔 수 없는 태풍을 만나기도 한다. 그래도 태풍을 잘 견디어내면 새살은 반드시 돋아난다.

아직도 코로나 태풍에서 헤어나지 못하고 힘들어하는 사람이 있다. 안타깝지만 시간이 필요할 것 같다. 그들을 위해 기도하는데, 잊었던 내 무릎이 또 시큰거린다.

매미 소리

매미 소리가 들린다. 지난겨울에도 시끄럽게 "웽, 매엠, 윙…" 소리가 계속 들렸다. 계절에 상관없이 들려온 매미 소리 때문에 가끔 무더운 여름이라도 된 것 같은 착각으로 머리에 열이 오른다. TV를 볼 때는 다행히 조용하다. 매미 소리는 의식하면 크게 들리고 다른 일에 집중하면 소리의 존재를 잊는다. 그래서 TV나 컴퓨터 게임에 빠져들 때가 많다. 문제는 이런 습관이 아내의 불만 사항이 되고 있다. 큰 소리로 몇 번이나 불렀는데 대답하지 못한다. 매미 소리 때문이라고 변명하지만 귀찮은 일에서 벗어나고 싶을 때도 더러는 있다.

귀에서 매미 소리가 들리기 시작한 때는 40대 초반이었다. 더 나은 삶을 찾아 고향을 등지고 인천으로 직장을 옮겼다. 큰아이가 초등학교 3학년, 둘째아이가 유치원에 다녔는데 도움의 손이 한창 필요할 시기였다. 인천은 연고는 물론 가깝게 지내는 사람조차 없었다. 낯선 곳에 뿌리를 내리기 위해서 알게 모르게 스트레스가 많았다.

밭에 있는 소나무를 화분에다 옮겨 심어 아파트 베란다에서 기른 적이 있다. 사철 푸르고 모양이 보기 좋아 가까이에서 지켜보고 싶은 욕심이 있었다. 뿌리를 자르고 시린 마음으로 멀쩡한 가지를 다듬었다. 그렇게 사는 곳을 옮긴 소나무 분재가 2년 동안 시름시름 앓다가 자랑으로 여기던 가지를 두 개나 더 자르고 나서야 원기를 회복했다. 나무도 사람도 자기가 살던 터전을 옮기면 환경에 적응하기 위해서 스트레스를 받는다는 사실을 그때 깨달았다.

내 귀에서 나는 매미 소리를 진찰했던 의사는 이명이라고 진단했다.

"시끄러운 소리가 많이 나는 일을 하세요? 시끄러운 소리를 오래 들으면 난청이 생기고 심하면 이명이 되기도 하거든요."

평생 아이들을 가르치는 일은, 힘든 일이기는 하지만, 그들이 떠드는 소리가 소음은 아니었다. 한 아이 한 아이 살펴야 하고 신경을 쓰다 보면 피곤하기 이를 데 없었다. 부모의 기대와 다르게 공부에 관심이 없거나 형편이 어려워 하고 싶은 공부를 포기했던 제자들이 있었다. 이런 제자들을 다 품어주지 못한 안타까움이 자꾸 마음에 쌓여갔다. 내가 가르치는 교육방법을 더 알거나, 능력 있는 자리로 승진하면 이런 일을 해결할 수 있으리라는 기대를 갖고 노력했다. 하지만 세상은 그렇게 호락호락하지 않았다. 교육 현장의 분위기가 수시로 바뀌고, 업무는 점점 많아졌다. 또 교육 경력이 늘어날수록 감당해야 할 일의 무게가 스트레스를 증가시켰다.

어제 오후에 외손자를 어린이집에서 하원 시키다 난감한 일이 생겼다.

"할아버지, 파**(?) 주세요."

"뭐 달라고?"

"파**, 파** 말이야."

"그게 뭔지 할아버지는 잘 모르겠는데."

외손자가 답답한지 그것도 모르냐고 한참 울었다. 외손자와 대화가 안 될 때가 가끔 있다. 로봇의 이름을 말하고 찾아달라고 하거나, TV에서 어느 어린이 프로를 틀어달라고 할 때, 그 말을 못 알아들어 제대로 대응해주지 못한다. 내용을 잘 이해하지 못하기도 하고 매미 소리 때문에 정확하게 들리지 않기 때문이다. 상대방의 말이 중요한 것 같지 않으면 적당히 "알았어요." 하거나 고개를 끄덕이고 만다.

매미 소리 때문에 노년의 삶이 더욱 불편하다. 그래도 듣기 싫은 소리를 매미 소리 때문이라고 핑계 대면 절반은 무사통과한다.

스트레스가 이명, 매미 소리를 유발한다는 과학적 근거가 있는지는 확실히 모르겠다. 단지 환자인 내가 그렇게 느낀다면 상당한 이유가 있다고 생각한다. 스트레스를 피할 수 없는 현대인은 누구나 이명이 있을 것이라는 말은 하기 어렵다. 하지만 나이가 들면 점점 눈이나 귀가 안 좋아지는 것이 보통이다. 그것은 노화 현상으로 인생의 훈장이라고 생각한다. 고생하고 살아온 그동안의 삶을 보상해 주기 위해 조금 안 보이고 안 들리면 노년이 편안해질 수도 있기 때문이다. 이제까지 살면서 안 보고 싶은 것이나 듣고 싶지 않은 것이 많았다. 살아가기 위해서 어쩔 수 없이 참고 견디느라 스트레스가 쌓였는지도 모른다. 이제는 눈이나 귀를 반쯤 닫고 살아도 큰 문제가 없지 않을까?

가슴이 아프다

아내의 핸드폰이 울렸다. 막 잠자리에 들었던 참이다. 늦은 밤에 걸려오는 전화는 대개 다급한 소식이 많아서 불길한 생각이 스쳐간다. 아내가 핸드폰을 선뜻 열어보지 못하고 있는 사이에 시계를 보니 밤 11시 30분이다. 전화를 받는 아내가 외마디를 질렀다.

"아이고, 오빠! 어떡해."

큰처남이 갑자기 쓰러져 청색증 상태인데 구급차에 실려 병원으로 가고 있단다. 큰올케가 자세한 내용을 말하지 못하고 울면서 기도를 부탁했단다.

큰처남은 나이가 일흔다섯 살인데도 건강했다. 정기 건강검

진을 제외하고 병원에 간 적이 거의 없다. 젊어서부터 즐기던 테니스를 지금도 자주 하고 있다. 생각나는 것이라곤 12일 전에 코로나 화이자 백신을 맞았을 뿐이다. 그런 처남이었기에 큰 충격을 받았다.

나에게는 단순한 처남이 아니다. 나보다 교육자의 길을 앞서 걸었고 믿음 생활도 늘 본이 되었다. 우리가 서울로 삶의 터전을 옮길 수 있도록 의지처가 되기도 했다. 그뿐이 아니다. 허전한 마음을 달래려고 쓰던 내 아침 단상을 눈여겨보고 본격적인 글쓰기로 인도해 준 덕분에 내가 수필가로 등단했다.

큰처남은 아직도 중환자실에서 투병 중이다. 의사는 혈전으로 심장에 혈액이 잘 공급되지 못해 급성 심정지가 되었다고 설명한다. 간호사인 처남댁이 즉시 인공호흡을 실시하고 병원에서 막힌 관상동맥에 스텐트를 시술한 결과 호흡은 돌아왔다. 아직 의식이 없고 손과 발을 만져도 반응이 없다. 가족들이 병문안 가서 기도를 하거나 말을 하면 눈물을 흘리기도 하고 자가호흡을 하는 것이 고작이다.

3일 안에 의식이 돌아올 것이란 소망이 벌써 두 달이 되어 간다. 간절함은 안타까움이 되고 막막한 무력감이 커져가며 날마다 조금씩 지쳐간다. 우리 부부의 일상도 혼란스러워졌다. 말이 줄고 마음이 집중되지 않아서 글도 써지지 않는다.

평소에 무관심으로 살던 내 건강 문제가 급박하게 아내와 딸의 관심사가 되었다. 그동안 정기적으로 다니던 서울아산병원이 너무 멀다고 한다. 응급상황이 생기면 병원이 가까워야 한다며 세브란스병원에 심장 진료 기록을 옮기기로 했다. 아내가 어찌나 꼬치꼬치 물어서, 왼쪽 가슴이 가끔 뜨끔뜨끔하다고 했더니 왜 이제야 말하느냐고 야단이다. 그뿐만이 아니라 몇 년 전 종합검진의 기록에 부정맥이 있었다며 숫제 환자 취급을 하려 든다.

"살 만큼 살았는데 욕심도 많네. 80살까지는 건강하게 잘 살 자신이 있으니까 걱정하지 마."

큰소리는 쳤지만 요즘 들어 내 말에 약효가 떨어졌는지 아내의 잔소리가 오래 지속되어 어쩔 수 없이 백기를 들었다. 늘 하던 대로 아내의 지시(?)에 따라 병원에 가기로 했다. 귀찮기도 하고 잘 알지도 못하면서 이것저것 핑계를 대다가는 오히려 일이 꼬일 때가 많다. 동네 내과에서 의뢰서를 떼어 제출하고, 세브란스 심장혈관 병원에서 첫 진료를 받았다. 병원만 가면 치료가 바로 시작될 것이라는 환상이 여지없이 깨졌다. 심전도 검사, 혈액과 소변검사, 심장 CT촬영, 초음파 검사를 하느라 예약하고 두 번이나 더 병원에 가는 사이에 한 달이 지났다.

"이거, 검사하느라 지쳐서 죽게 생겼네."

씨알도 먹히지 않는 불평을 하기는 했지만 돈이 들고 고생한 것은 사실이다. 이제 검사 결과만 좋으면 다 끝난다. 혹시라도 모를 염려 때문에 코로나 백신의 예약까지 미루어 두었다. 국민 모두가 접종을 해야 하지만 누군가는 부작용으로 고통을 당하기도 한다. 백신을 맞지 않고 병에 걸려 죽는 것보다 백신의 부작용이 훨씬 적기는 하다. 의사나 정부가 그렇게 많이 홍보하고 설득한 것보다 백신을 접종한 사람은 마스크를 벗어도 된다는 말에 백신 접종률이 급상승했다.

검사 결과는 아무런 이상이 없다. 그래도 아내의 걱정은 끝나지 않았다. 이제는 수면 무호흡이 문제란다. 또다시 검사 진료 예약을 하자고 했지만 거절했다. "아픈 곳을 다 치료할 수는 없고 조금 아프다고 쉽게 죽는 것도 아니다."라는 말로 고집을 부렸다.

그런데도 가슴이 가끔 아프다. 아직도 병상에 누워 있는 큰처남 얼굴이 떠오르기 때문이다.

처남의 일을 겪으면서 나는 아내와 믿음에 대해 많은 이야기를 나누었다. 그동안의 기도가 하나님 뜻보다 내 요구에 치우쳐 있음도 알았고, 하나님보다 하나님이 만드신 세상을 너무 사랑했음을 깨달았다.

믿음의 사람이 병들고 실패도 하며 죽는다는 사실을 인정하고 싶지 않았다. 내가 기도하고 바라는 복을 하나님의 관점이 아니라 세상의 기준으로 믿고 간구하지 않았던가. 건강하고 물질이 넘치며 명예나 권세도 누릴 뿐만 아니라 자식들이 잘 되어야 복 받는다고 생각했다. 요즈음은 믿음의 본질을 자주 생각하고 고민한다.

집안 행사로 고향에 다녀오다 장인 장모 산소에 들렀다. 공원묘지에 잡초가 무성하게 자라서 걸어가기도 어렵고 찾기도 힘들었다. 큰처남이 칠하려했던 희미해진 묘비의 빨간 십자가 표식을 아내가 울면서 칠했다. 비석 옆에 있는 나무가 너무 자라 맨손으로 꺾었다. 큰처남의 빈자리가 너무 허전하다. 부모님께 하소연 하고 통곡도 했다. 형제들이 자주 만나고 서로 위로하며 지내고 싶다.

내가 무력하고 답답할 때가 많지만 그래도 믿고 의지할 것은 기도밖에 없다는 생각이 든다. 큰처남이 빨리 깨어 일어나 모든 형제가 한자리에 모일 수 있으면 좋겠다. 하나님의 사랑과 능력을 믿으며, 은혜 내려 주시기를 기도한다. 아직도 내 가슴이 아프다.

가지치기

외손자가 포크레인 차를 무척 좋아한다. 한 주일에 두 번 분리수거 된 재활용 물건을 싣기 위해 포크레인이 오는 시간이면 베란다 창문 앞에 서 있다. 그런데 어제는 하루 종일 아파트 앞에 포크레인이 왔다 갔다 했다. 외손자가 신이 나서 입으로 "윙-윙!" 소리를 내며 손가락으로 물건을 집어 옮기는 시늉을 한다. 외손자가 멀리서 보는 것이 성에 안 찼던지 내 손을 끌고 밖으로 나갔다.

입주한지 채 1년도 되지 않았는데, 죽은 나무가 많아 다시 옮겨 심는 일이 만만치 않아 보인다. 나무심기는 식목일 전후에 하는 것으로 알고 있는데, 크고 비싸게 보인 나무를 추운 계절에 옮겨 심는 모습이 걱정 되었다. 더구나 멀쩡하고 예쁜 나뭇가지를 싹둑 싹둑 잘라버린다.

궁금한 것은 전문가에게 물어보아야 한다. 그것도 한 사람이 아니라 여러 사람에게. 요즘 세상은 자기 의견이 옳다고 주장하는 사람이 넘쳐서 진실을 분별하기가 쉽지 않다. 정보의 선택과 결과는 누구 탓이 아니라 오직 자신의 책임이다.

나무 옮겨심기는 봄보다 늦가을이 좋단다. 가을은 추운 날씨 때문에 나무가 잎을 떨어뜨리고 성장을 멈추고 휴면기에 들어간다. 나무를 옮겨 심으려면 많은 뿌리가 잘려나간다. 뿌리가 제 기능을 하지 못할 때 잎과 줄기가 활발하게 활동하면 그 나무는 말라 죽고 만다. 아무리 휴면기라지만 가지는 숨을 쉬고 있어서 뿌리에게 부담을 준다. 그래서 작은 가지 뿐만 아니라 예쁜 큰 가지도 자른다고 한다.

내 인생 2막은 추워지는 날씨 때문이 아니라 나이가 원인이 되었다. 어쩔 수 없이 가지치기를 해야 했다. 퇴임 전에 누렸던 무성했던 잎과 탐스런 열매를 이젠 감당하기 어려워졌다. 갑자기 닥쳐온 옮겨심기가 아니었기에 전문가에게 배워서 마음의 준비를 나름 열심히 하긴 했다. 가보지 않은 길은 언제나 낯설고 힘들었다. 나무뿌리가 잘려나간 것처럼 내 소속이 사라지고 하던 일을 잃었으며, 아는 사람에게 전화해도 할 말이 줄었다. 그래서 마음을 비운다고 시작한 가지치기로 모임이나 활동을 줄이고 세상에 대한 참견도 가급적 안 하려고 했다. 그러다보니 살아있는데도 잊혀져가는 사람이 되는 것 같다.

불쑥, 아직도 남은 세월이 많은데 이렇게 살아서는 안 되겠다는 마음에 시작한 글쓰기가 제법 쏠쏠한 즐거움을 준다. 잊고 있던 지난 일을 되살려 보기도 하고 말하지 못했던 마음속의 응어리를 끄집어내어 털어내 본다. 그러다 보니 잘라야 할 가지가 많이 보인다. 사소한 습관이나 말, 행동은 잘라도 크게 아프지 않은데 고질병 같은 급한 성격은 가지가 너무 굵어진 모양이다. 한 번에 자르기도 힘들고 이걸 자르기 위해서는 전신마취라도 하지 않으면 고통을 감당하기 어려운 것 같다. 죽기 아니면 살기로 가지치기를 하고 싶지만 죽고 싶지는 않다. 지금도 전에 가지치기 하며 잘랐던 곳이 가끔 가려워서 몸살을 한다.

아파트 앞에 옮겨 심어 놓은 나무가 가지치기로 핼쑥해 보이지만 올 겨울을 잘 넘기면 내년 봄에는 싱싱한 잎과 꽃을 피울 것이라고 기대해 본다.

H의 손자는 초등학교 축구 선수이다. 며칠 전 지역 예선전에서 다리에 금이 가는 부상을 입었다. 남은 경기를 뛰지 못하게

되어, 상대 선수에 대한 분노를 참지 못하고 있다. H는 손자가 남은 경기에 뛰지 못한 아쉬움보다 손자의 분노를 더 걱정한다. 사람이 세상을 살아가다보면 분노가 생길 수밖에 없다. 요즘은 경제가 어렵고, 집값 폭등에 상대적 박탈감이 커져 분노가 습관이 되고 있는 것 같다.

분노는 자신에게 정신적 육체적으로 위협을 가하거나 손해를 끼치면 일반적으로 생기는 감정이다. 그래서 걱정할 일도 비난할 일도 아니다. 단지 그 감정이 말이나 행동으로 표현 되면 문제가 된다. 도덕적일 때도 있지만 법적인 책임을 져야할 경우도 있다. 그렇다고 분노를 무작정 참고 견딜 수만 없는 것 같다. 우리나라 40대 이상 주부들이 앓고 있는 화병은 참고 참다 생기는 병이라고 한다.

나는 아직도 TV를 보다 자주 분노한다. 잘라야할 가지가 남아 있는 모양이다. 어쩌면 분노한 만큼 세상을 사랑하고 있는지도 모른다. 미움도 사랑이라는 말처럼 분노도 기대한 만큼 사랑이 있다는 생각을 한다. 아직도 잘라야할 가지가 자주 눈에 보인다.

길들여지지 않는다

어제는 하루 종일 비가 내렸다. 아침에 기침하고 콧물 흘리는 외손자 두 녀석을 데리고 병원에 갔다. 이른 시각인데 환자들이 많아서 오래 기다렸다. 녀석들은 아픈데도 에너지가 넘쳐 의자에 앉아 있지 않고 자꾸 돌아다니려 했다. 겨우 진료를 마치고 약을 받았다. 차 안에서 약을 먹여 어린이집에 보내야 한다. 4m쯤 앞 버스정류장이 있는 길가에 주차했다. 비가 너무 많이 쏟아지고 있어, 앞이 잘 보이지 않았다.

앞에 차 한 대가 멈추더니 다가와서 "지금 나가세요?" 하고 묻는다. "애들 약 먹이고 갈 거예요." 했더니 조금 있다가 차를 후진하여 내 차가 빠져나가지 못하도록 주차하고 내려서 간다.

약 먹이던 아내가 차 문을 열고 "이렇게 주차하면 어떻게 해요? 좀 빼 주세요."

"우리 아기를 병원에 데려 가야 하는데 배려 좀 해주셔야지요."

어처구니없는 상황에 또 내 급한 성격이 튀어나왔다. "약 먹이고 간다고 했는데 이렇게 차를 바짝 대는 것은 무슨 심보예요?" 큰소리가 오가자 아내가 나를 만류했다. 결국 그 아줌마가 차를 빼주고 우리는 약을 먹이다 말고 그 자리를 떠났다.

사람의 입에서 나오는 말의 품격品格이 인품이라고 한다. 한문의 품品 자는 3개의 입口이 모여 말의 중요성을 강조하고 있다.

사람의 실수는 대부분 입에서 시작한다. 머리와 마음에 있는 생각이 걸러지지 않고 말이 되어버리면 실수가 되곤 한다.

말의 실수는 거짓말, 억지 주장, 큰소리 말, 막말, 쓸데없는 말 등 한두 가지가 아니다. 그중에서도 말하는 사람과 듣는 사람의 관점이 다를 때도 있다. 듣는 사람을 생각하지 않고 자기만 옳다고 믿는 경우에 소통의 문제가 생긴다. 주장은 있으나 상대를 설득하고 이해시키려는 노력이 없으면 말의 가치가 상실되고 만다.

나는 아침 단상이라는 글을 쓰고 있다. 살면서 느끼고 깨달은 주제를 스토리텔링으로 재미있게 쓰려고 한다. 아침에 말처럼 글을 빨리 써서 지인들에게 따끈할 때 보낸다. 그러다 보니 글자가 빠지거나 맞춤법이 틀리기도 하고 중복된 말도 있다. 쓴 글을 한참 뒤에 다시 읽어보면 오타가 있어 변명하지만 부끄럽다. 글을 보내기 전에 한 번 더 읽어보아도 그런 실수가 내 눈에 보이지 않았다. 자기도취에 빠졌는지도 모른다.

"나는 말실수를 하지 않는다."라고 말하는 사람이 있는데, 그것이 곧 실수다.

음주 단속하는 경찰관이 술 취한 운전자에게 물었다.

"술에 취하셨네요."

"아니요. 취하지 않았어요."

"그러면 10m 이 선을 따라 똑바로 걸어보세요."

그 사람은 똑바로 걸으려 했지만 왔다갔다 비틀거렸다. 취한 것이다.

요즈음 친구들을 만나면 '입은 다물고 지갑은 열자.'라는 구호를 외친다. 그래서 나이 들수록 하고 싶은 말을 못 하니 외롭기도 하고 체면을 유지하기 위한 돈이 더 많이 필요하다.

무슨 말을 하다가 이런 말이 나올 것 같으면 즉시 말을 멈추어야 한다는 약속도 했다.

“기분 나쁘게 생각하지 말고 들어봐.”

“이 말은 안 하려고 했는데.”

“섭섭하게 생각하지 말고 들어.”

“할 말은 해야겠어.”

“다 네가 잘 되라고 하는 말이야.”

말이면 다 말이 아니다. 좋은 뜻을 기분 나쁘게 하는 말이나, 꼭 필요한 조언이나 충고도 무례하게 하면 상대가 받아들이지 않는다. 오죽했으면 입술에 파수꾼을 세우고 혀를 길들여야 한다고 말할까.

사람은 누구나 존경받고 싶어 한다. 흔히 나이가 들거나 높은 지위, 많은 돈, 지식이 많으면 존경받는 어른이 되는 줄로 안다. 아니다. 나이 든 노인과 존경받는 어른은 다르다. 그 기준이 입과 지갑에 달렸다는 사실이 조금은 마음에 걸린다.

제법 그럴듯한 글도 쓰고 교육자였으며 하나님을 믿는다는 사람이 오늘 아침에 말의 실수를 또 했다. 알고 다짐했건만 아직도 혀가 내 마음대로 통제되지 않아서 그렇다고 후회한다.

외손자가 아파서 속이 상한데 비까지 많이 왔기 때문이라고 스스로 변명해 보지만 자꾸 뒤통수가 가렵다.

아무개 이름으로

이름이 하나씩 생길 때마다 세상이 달라졌다. 살면서 내 이름은 참 많았다.

“곰곰이와 포포가 잘 있는지 궁금하네요.”

늦은 나이에 어렵게 출가시킨 자식들이 보고 싶을 때마다 아내가 하는 말이다. 곰곰이는 외손자, 포포는 친손녀의 태명이다. 지금은 라온이와 다인이로 부르고 있다. 바라던 손주가 태어나서 ‘하비’라는 이름이 생겼다.

할아버지가 지어주신 내 이름은 종현이다. 현자 항렬을 따라 지으셨단다. 항렬은 같은 씨족 안에서 상하의 차례를 분명히 하려고 만든 서열이다. 항렬은 아무나 마음대로 정하는 것이 아니고 문중에서 족보를 편찬할 때 일정한 대수의 항렬자와 그 용법을 정해 놓아 후손들이 이에 따르도록 하는 것이 관례이다. 시조로부터 세수가 같은 사람을 형제 또는 동항이라 하고 동항의 바로 위 아버지 세대를 숙항, 그 바로 위 조부 세대를 조항이라 한다. 자기 항렬의 바로 아래, 아들 세대는 질항, 그 바로 아래 손자 세대는 손항이 된다. 이런 관계의 질서를 유지하기 위하여 한 조상을 갖는 혈족이 통일된 대동 항렬자를, 또는 각 파에서 정한 항렬자를 쓰기도 한다.

할아버지께는 죄송하게도, 어려서부터 내 이름은 창희로 불렸다. 아버지가 지어주신 이름이다. 형은 항렬을 따라 불렀는데, 내 이름을 따로 지으신 까닭은 '가문에 얽매이지 말고 내 뜻대로 살라'는 뜻으로 짐작하고 있다. 하긴 당시의 추세가 항렬과 관계없이 이름을 짓기는 했다.

이름을 지을 때 흔히 자식에 대한 소망을 이름의 뜻에 포함한다. 요즘은 뜻보다 부르기 좋은 이름을 선호한다. 이름은 자기를 나타낼 때 본인이 말하거나 쓰기도 하지만 대부분 다른 사람이 나의 존재를 구별하고 인식하는 데 사용한다.

창성할 창昌 자에 빛날 희熙 자 덕분인지, 가문이나 부모의 짐에 얽매이지 않고 살아온 것 같다. 둘째인 까닭도 있었지만 꼭 무엇을 해야 하고 어떤 사람이 되어야 한다는 당부는 기억에 없다. 단지 무엇은 하지 말라는 말씀은 자주 하셨다.

초등학교를 졸업하고 광주에서 중, 고, 대학을 다닐 때는 학생이라는 이름이 생겼다. 학생이 아닌 사람도 많았기 때문에 조금은 배려와 특권을 누렸다. 형편이 어려워 공장에 돈 벌러 다니는 어떤 친구는 교복을 입은 학생이 정말 부러웠다고 속마음을 고백한 적이 있다. 배부른 자는 배고픔의 슬픔을 이해하지 못한 모양이다. 학생으로 불린 이름을 당연하게 생각하며 살았으니 말이다.

인생은 의도하지 않은 대로 흘러갈 때가 많다. 어쩔 수 없는 선택이었지만 선생님이 되었다. 처음에는 그 이름이 부담스러워 벗어나려고 몸부림을 쳤다. 피할 수 없는 선택이라면 운명인지도 모른다는 생각을 받아들이기까지는 많이 힘들었다.

이름이 바뀔 때마다 책임은 늘어나고 합당한 노력을 무겁게 요구했다. 요즘의 이름, 백수에 만족한다. 자리 경쟁이 치열한 세상인지라 누군가에게 내 자리를 비워준 것은 지혜로운 사랑이라고 위로한다. 그 덕분에 두 명의 손주를 보았고 또 두 명의 둘째 손주를 기다리고 있다. 하비가 할아버지가 되어 기뻤는데 뒤따르는 하비의 이름이 기쁜 마음과 달리 몸을 좀 무겁게 한다. 새로 얻은 이름에 늘 성실하게 살아왔고 앞으로도 그렇게 살고 싶다.

이름 때문에 인생이 바뀐 것 같은 사람도 있다. 김치국(나라를 다스려라), 아무리 뜻이 좋아도 놀림감이 된 이름. 백두산이나 최고(으뜸)라는 이름은 지나친 기대가 짐이 되기도 한다.

여러 이름으로 지금까지 살아왔다. 누구의 아들, 아무개 선생님, 누구 남편, 누구 아빠, 아무개 집사로 불렸다. 그 이름이 가지는 책임의 무게가 만만치 않았다. 가끔 자랑과 기쁨이 되기도 했지만 이름을 지켜야 한다는 생각에 늘 조심스러웠다. 이제는 이름 앞에 놓인 무게가 많이 가벼워졌다. 하지만 수필가 김창희나 할아버지 김창희라는 이름은 내 어깨를 더 무겁게 한다.

이름의 무게는 자기가 만들어 간다. 이름이 사람이고 본질이 된다. 친구들이 자주 부르고 좋아하는 이름에는 우정과 신뢰가 들어 있다. 개인이나 가게, 단체가 이름을 자주 바꾸는 것은 과거를 지우고 새롭게 출발하겠다는 뜻이다. 이름을 바꿔서 달라지는 사람은 이름이 본질을 따라가지 못하기 때문에 빨리 개명하는 것이 좋다. 하지만 이름값도 못한다는 평가를 받는 사람은 그 이름에 부끄럽지 않게 인격을 높여야 한다.

어떤 곳에서 누구에게 불려도 부끄럽지 않은 이름을 남기고 싶다. 그동안 불렸던 이름에 쌓인 티끌이나 먼지를 털고 닦으려면 더 많은 세월이 필요할지도 모른다. 그만큼 묵은 때가 많이 보이기 때문이다. 부족하고 연약한 내가 그 소망을 어찌 다 이룰 수 있겠는가. 그저 기도하며 내게 합당한 이름을 만들어 가려고 노력할 뿐이다.

불청객

6개월 된 외손자의 볼이 모기에 물려 빨갛게 부풀어 올랐다. 외할아버지, 외할머니까지 동원된 불청객 수색 작업 끝에 범인을 잡았다. 하지만 그가 남긴 후유증은 길고 잔인했다. 1주일 넘게 연고를 바르고 얼음 찜질까지 했지만 빨간 자국이 없어지지 않았다.

모기는 물웅덩이가 있는 숲과 들판, 인가 근처에 서식하며 암컷은 알을 성숙시키기 위해 동물이나 인간 혈액을 먹이로 한다. 예전에는 주로 여름에 활동했는데 지금은 계절을 가리지 않는다. 더구나 기온이 내려가면 모기들이 따뜻한 곳을 찾다 보니 밤에 가정집에 모기들이 많이 출현한다. 가을 모기가 더 독하다는 말을 하는데 그 이유가 있다. 모기가 월동 준비를 위해 더욱 치열하게 인간의 피를 빨아 먹으려고 하니 더 독하게 느껴진다.

교육 관련 일로 얽힌 사람들과 멀어졌다. 다른 인생을 살아보고자 새로운 인연을 찾다 보니 관계가 느슨해진 결과이다.

오늘도 불청객 전화와 문자가 여러 번 왔다.

"고객님이 결재하신 세탁기의 금액을 확인하시고 일시불이나 할부 문자를 선택해 주세요."

핸드폰 판매나 아파트 분양을 소개하는 친절한(?) 전화가 올 때마다 반가움보다 불안한 마음에 조심스럽다. 혹시나 잘못 받거나 실수로 무엇을 누르면 어처구니없는 일이 생긴다는 말을 많이 들었기 때문이다. 인터넷이 발달하면서 편리해지긴 했지만 내 정보가 노출되어 원하지 않는 불청객의 친절이 나를 괴롭힌다.

그러고 보니 생각나는 불청객이 있다. 그가 어떻게 알았는지 25년 만에 고등학교 동창회에 참석했다. 반갑다고 환영하는 자리에서 늦게 참석한 이유를 변명하며 앞으로 열심히 참석하겠다고 약속 했다. 그 덕분에 동창회에 새로운 활기가 돌았다. 모임이 있으면 일찍 오라고 친구들에게 일일이 전화를 하고 끝나면 집에 잘 들어갔는지 물었다. 사업으로 바쁜 총무가 반색하며 그를 회칙에도 없는 부총무로 호칭하며 칭찬에 입이 말랐다.

그렇게 일 년쯤 지나서 그 친구의 딸이 결혼했다. 대단한 성황이었다. 회원 중 자식을 가장 먼저 결혼시킨 이유도 있었지만 동창회에서 적극적으로 활동하고 참석한 노력이 빛을 발했다. 바쁘다는 친구들까지 모두 참석했고 그들이 보낸 20여 개의 화환이 혼주의 위신을 높였다.

세상이 공평하지 않는 것을 증명이라도 하듯, 1년도 지나지 않았는데 이번에는 아들 결혼 소식을 전했다. 친구들의 부러움을 넘어 조금 불편한 내색 하는 것을 알았는지 미안하다며 바쁘면 참석하지 않아도 된다고 했다. 그래도 세상이 그런 것은 아니라며 대부분 친구들이 참석했다. 어쩌면 축의금은 되돌아오는 것이라는 생각을 했는지 모른다.

참 어처구니없는 일이 일어났다. 그 후로 동창회에 한 번 참석하고 동창회는 물론 친구들의 애경사에 코빼기도 보이지 않고 있다. 친구들의 불평과 독촉에 총무가 몇 번 연락을 했지만 전화를 받지 않는다고 한다. 지금은 동창회에서 그를 말할 때 서슴없이 불청객이라 부른다.

세상 모든 일에 거저 얻는 일은 없고, 원인과 이유가 다 있는 것 같다. 내게 찾아오는 요즈음의 불청객은 사기꾼의 모습을 하고 있다. 눈을 크게 뜨고 찾아보니 특징이 있다.

첫째 허세가 심하다. 자신을 부풀리기 좋아하고, 과장되게 말하는 경향이 있다. 겸손한 사기꾼은 없다고 봐도 무방하다. 사는 곳이나 인맥, 자신의 업적, 허황된 계획, 증명되지 않은 배경 등을 은근슬쩍 흘리곤 한다.

둘째 실체가 모호하다. 대개 사기꾼은 디테일이 약한 경우가 많다. 자신만의 독창적인 방법으로 많은 돈을 벌었다는 사람은 해당 분야의 전문가나 관련된 업종, 경험이 많은 사람 앞에 데리고 가면 꿀 먹은 벙어리가 된다. 마치 자신의 말만 따르면 일확천금은 꿈도 아닌 것처럼 떠벌리던 이들은 과정 따위는 중요치 않고, 무조건 믿으라 한다.

불청객은 영리하다. 진짜를 구분할 수 있는 사람에게는 접근하지 않으며 "나 같은 사람을 속여서 얻을 것이 없다."라고 방심하는 사람에게 찾아온다.

사기를 당하고 나서야 그때부터 이유를 찾는 사람이 많지만 이는 소 잃고 외양간을 고치는 격이다. 불청객이 노리는 것이 꼭 물질만은 아니다. 나의 믿음이나 확신, 마음의 안정을 노리기도 한다.

불청객과 코로나19에 이어 폭염까지 겹친 하루하루가 힘겹다. 선자불래 내자불선善者不來 來者不善이라는 말처럼 선한 자는 오지 않고 이미 온 자는 선한 자가 드물다는 말이 있다. 청하지 않았는데도 찾아오는 불청객의 친절이 조심스럽고 당하고 나면 마음이 씁쓸하다.

낭만 연애, 그 이후

태풍 때문에 긴장해서 잠을 설치다가 늦잠까지 잤다. 덜그럭거리는 소음이 바람과 빗방울 소리인 줄 알았는데 아내가 주방에서 요리 하는 소리이다. 태풍 피해를 예방하려고 어린이집이 휴원했는데 바람은 잦아들고 비도 그친 것 같다.

아침에 일찍 일어나는 내가 식사를 준비하는데 오늘은 아내가 한다. 애들 둘이 결혼을 해 분가하고 부부만 살다 보니 나는 안방에서 자고 아내는 작은방에서 잘 때가 많다. 각자 편한 곳에서 TV나 핸드폰을 보다가 잠을 잔다. 잠들고 깨는 시간이 서로 다르기 때문이다. 우리 부부는 밥을 먹을 때 말없이 밥을 먹거나 가끔 텔레비전을 본다. 오래 함께 살아서인지 눈빛이나 몸

짓만 보아도 그 뜻을 서로 안다.

TV에서 노인들을 상대로 하는 프로그램을 방영하고 있다. 사회자가 시골에 사는 일흔 살 정도의 부부에게 물었다.

"다시 태어나면 지금의 아내와 또 결혼할 거요?"

남편이 잠깐 생각하더니 입을 열었다.

"그래야지. 다른 여자라고 별수 있겠어. 그래도 살아본 여자가 좋지."

사회자가 반대로 아내에게 물었다.

"다시 태어나면 지금의 남편과 다시 결혼할 거예요?"

아내는 사회자의 말이 끝나기가 무섭게 두 손을 내젓는다. 지금의 남편과는 결혼을 절대로 안 하겠단다. 사회자가 왜 그러냐고 묻자 대답이 걸작이다. 어디 가서 어떤 놈을 만나도 지금의 남편보다는 나을 것 같다는 것이다. 방청객 모두가 배를 잡고 웃었다.

나는 밥을 먹는 아내를 슬쩍 곁눈질로 보다가 물었다.

"당신은 어때?"

"나도 저 할머니와 똑같아."

아내는 주저하지도 않고 단숨에 대답했다. 혹시나 기대했던 나는 아내의 말에 화가 치밀어 올랐다. 나는 먹던 수저를 놓으며 언성을 높였다.

"내가 살아가며 뭘 그리 잘못했다고? 저 할머니처럼 다시 태어나면 나를 개비한다고? 바꿔봤자 별수 없어. 고르고 고르다 뉘 고르고 만다는 것을 몰라?"

벌떡 일어나 안방으로 들어가자 아내가 구시렁거렸다.

"그깟 농담도 못 받아들이고 꼭 밴댕이 소갈딱지 같으니라고…"

농담이라는 말이 살짝 들렸으나 그 말을 믿을 수가 없었다. 안방에서 아내의 진심이 뭔지를 생각하다가 외출하려고 힐끗 아내를 쳐다봤다. 눈이 마주치자 아내는 예전처럼 우산을 챙겨주었다. 오늘은 저녁에 아내와 외식을 하려고 마음먹었는데, 그 놈의 TV 프로그램이 망쳐 놓았다.

초임 학교에서 아내를 만나, 낭만적인 연애를 시작했다. 함께 있는 것이 좋아지고 헤어지면 그리워지는 마음이 쌓이고 또 쌓였다. 그래서 그리움을 사랑이라는 이름으로 편지를 썼다. 마음을 너무 빨리 표현하거나 전하다가 감정에 휘둘리기도 했다. 감정은 분위기에 따라서 빨리 치솟기도 하고 허무하게 가라앉을 때가 많았다. 밤에 쓴 연애편지를 아침에 읽어보면 낯이 뜨거워지기 예사였다. 마음이 조금 과장되거나 너무 깊게 표현한 글들이 낯설어 감당할 것 같지 않았다.

모조지 전지를 접어가며 며칠에 걸쳐 쓴 편지를 보내고 또 보냈다. 그런 편지를 정성을 다해 써 본 사람은 안다. 아무리 고쳐 써도 마음을 다 표현할 수 없다. 더구나 그때는 컴퓨터가 없던 시절이라 손글씨 편지였다. 틀린 글자나 잘못된 문장이라도 생기면 처음부터 다시 썼다. 필체가 예쁘지 않았던 탓에 몇 번이나 다시 쓰며 정성을 쏟았다. 그때 썼던 연애편지의 사본이 몇 년 전까지 있었는데 지금은 내용만 컴퓨터에 저장해 놓았다.

그런 낭만적인 연애의 완성을 위해 결혼했다. 농가의 사랑채 월세방에 살면서 석 달이나 결혼식 비용으로 빌렸던 빚을 갚았지만 신혼 생활은 여전히 낭만이 있었다. 그러나 결혼하면서 낭만을 벗어나지 않으면 현실은 결혼을 회의하게 만든다. 상대의 모든 것을 안다는 사랑이 아직도 모르는 것이 많다는 사실에 실망하기 때문이다. 한 번도 함께 가보지 않은 길에서 무언가 버리고 잃어야 하는 상황을 만날 때마다 낭만은 버거운 무게가 된다.

그렇다고 결혼이 사랑의 무덤까지는 아니었다. 낭만이 지쳐갈 무렵, 아들이 태어났다. 돌봐 줄 사람이 없어 초등학교를 갓 졸업한 가정부를 들였다. 그렇게 3년, 정신없이 살다가 또다시 낭만을 말할 때쯤 딸이 태어났다. 어느새 세월이 지났는지 이젠 낭만도 희미해졌다.

밖에 나가서 생각하니까 아내에게 미안하다. 평소에 성질이 급해 화를 잘 내는 편이지만 금방 후회한다. 아내에게 전화해서 저녁때 우리가 자주 가는 식당으로 나오라고 했다. 식당에 먼저 와서 기다리는데, 한 쪽 어깨가 젖은 채로 아내가 들어왔다.

"아니, 왜 비를 맞고 와?"

"별생각 없이 우산을 가지고 나왔더니 우산살이 부러져있지 뭐예요."

"뭐, 우산살이 부러졌다고?"

오랜만에 외식하니 이런저런 이야기를 하느라고 시간이 길어졌다. 식당을 나설 때 비는 그쳤고 남아있는 우산이 하나 밖에 없어 그냥 그것을 가지고 왔다. 아내가 집에 와서 우산을 펴 보고 속상해한다.

"내 우산은 살이 한 개밖에 안 부러졌는데, 이건 살이 2개나 부러져 있네 .... "

"아니, 더 좋은 우산으로 바꿨다고 입이 찢어지더니, 그것 봐! 바꾸면 더 좋을 줄 알았지? 결국에는 뉘를 고르잖아. 그러니까 첫사랑을 믿고 다시 태어나도 그냥 나랑 결혼해. 텔레비전에 출연했던 할아버지 말처럼, 그래도 살아본 놈이 더 낫지 않을까?"

나의 끊임없는 잔소리에 머쓱해진 아내가 어색하게 픽 웃는다.

쓴 약 먹기

멀쩡하던 몸이 여기저기 쑤시고 아프다. 인생이 백세 시대라지만 부지런히 치료하지 않아서 그런 것 같다. 자기는 건강하여 병원에 가지 않는다고 자랑하던 지인이 한 번 아프더니 그 길로 세상을 떠났다.

내 몸을 치료하는 원칙 두 가지가 있다. 눈에 보이는 아픈 곳은 양방에서 치료하고, 딱 집히는 곳 없이 아프면 한의원에 간다. 젊은 사람 중에는 한방치료를 불신하는 사람도 있다. 워낙 빠른 세상에 살다 보니 금방 효과가 눈에 나타나지 않으면 답답한 모양이다. 요즘에는 이런 불신을 해소하기 위해 최신 의료 장비를 갖춘 한의원이 늘어나고 있다.

한의원에서 치료하는 순서는 1침, 2뜸, 3약이다. 치료의 효과가 빠른 순서이며 병이 가벼운 단계이기도 하다. 약이 좋기는 하지만 값이 만만치 않고 쓴 약을 오랫동안 참고 복용해야 한다.

어렸을 때, 우리 집 가까운 곳에 병원이 없었다. 약방도 십리나 떨어진 면 소재지에 있었다. 고뿔에 걸리면 꿀에 잰 생강을 먹고, 발목이 삐일 때는 치자를 갈아 싸맸다.

우리 집에는 약탕기가 하나 있었다. 길쭉한 손잡이가 달려 있고 뚜껑이 있는 질그릇이다. 늘 숯불이 담긴 화로에 씁쓸한 냄새와 함께 하얀 김을 내뿜고 있었다. 어머니가 몸이 편찮으신 아버지를 위해 멀리 읍내에서 첩약을 지어 달여드렸다. 어쩌다 아버지가 다 드신 약그릇을 부엌에 내놓으려다 조금 남은 한약 찌꺼기를 홀짝 마셔 본 적이 있다. 조금 향긋했지만 쓴맛에 침을 여러 번 뱉었다. 쓴 약을 자주 먹는 아버지의 얼굴이 힘들어 보였다.

직장 일이 바쁘고 자식 키우며 먹고 사느라 시간과 경제적 여유가 없었다. 살만 해져서 내 몸을 돌아보니 망가진 곳이 한두 군데가 아니었다. 아끼고 수시로 손질한 사람도 세월 따라 닳고 삭아지는 게 몸이라는데, 나는 그렇지 못했다.

한의원에 가면 나이 드신 환자들이 대부분이다. 떠날 때 떠나더라도 자식한테 큰 부담을 주지 않기 위해 병원에 오셨단다. 어쩌면 이제라도 몸을 치료하여 좋은 세상 좀 더 오래 살고 싶은 모양이다.

스위트 홈이라는 가정에서조차 끊임없는 갈등과 싸움이 존재한다. 부부간의 싸움은 지나친 기대의 결핍에서 일어나는 경우가 많다.

친구 딸은 결혼하여 삼겹살을 구워 먹으려다 우습게도 첫 부부 싸움을 했단다. 삼겹살을 구울 때 아내 집에서는 언제나 아빠가, 남편 집에서는 엄마가 했다는 것이다. 사소한 서운함이 쌓여 싸움이 되기도 한다. 그들이 자라온 환경과 경험이 같지 않아 생각이 다른 것을 누군가의 잘못으로 따지기 쉽다.

H의 아들은 사고뭉치였다. 하기 싫은 공부야 그렇다 해도 툭하면 친구들과 싸워 경찰서에 불려갔다. 손해배상도 하고 아버지가 여러 번 무릎 꿇고 빌었다. 이제는 더 이상 안 되겠다는 생각에 종아리가 터지도록 매질을 했다. 그러나 함께 하루 종일 밥도 먹지 않고 달래며 부둥켜안았다.

"어떻게 하든지 학교는 졸업해라."

크게 변하지는 않았지만 겨우 학교를 졸업했다. 그런 그가 군대에 갔다 오더니 사람이 변했다. 2년을 준비하여 경찰이 되었다고 했다. 그런데 며칠 전에 깜짝 놀란 소식을 들었다. 간이 좋지 않아 고생하는 아버지를 위해 H의 아들이 한쪽 간을 이식해 주었단다. 부모가 그렇게 반대했지만, 이제는 자기가 아버지를 지켜야 한다고 했단다.

인생에도 쓴 약이 있다. 한참 잘 나갈 때는 쓴소리가 듣기 싫었다. 그런 것쯤은 나도 알고 있으며 지금 잘하고 있다고 생각했다. 쓴소리도 보약이라 아내나 자식이 아니면 누구도 쉽게 하지 않는다. 쓴약을 먹으라고 주는 사람이 있으면 그는 복을 주는 사람이다. 당연히 그 약을 잘 먹어야 건강하게 오래 산다. 전에는 쓴 약을 먹으면서 괴로워했는데 지금은 잘 먹고 있다. 쓴 약이 입에 맞아서가 아니라 그렇게라도 참으며 먹어서 더 잘살기 위해서다. 쓴 약도 젊어서 먹어야 보약이 되는 것 같다. 내가 부러워하는 사람들은 쓴 약을 잘 먹는 사람이다.

주위에 쓴 약을 잘 먹지 않아서 간당간당하거나 세상을 떠난 사람이 여러 명 있다. 돈이 많고 높은 자리에 있거나 어떤 권세를 가졌더라도 꼭 먹어야 할 쓴 약을 먹지 않으면 뻔한 결말을 보게 된다. 나에게는 쓴 약을 권하는 사람이 있고, 그 약을 참고 먹겠다는 마음이 있다. 덕분에 오래 살 것 같다.

아버지의 여름

모기를 쫓는 매케한 연기가 마당에 가득하다. 왕겨를 모아놓고 불을 붙인 후 쑥 한 무더기를 올려놓고 피운 모깃불이다.

여름이면 날이 어둑해져 저녁밥을 먹을 때면 저녁 8시가 다 되었다. 대나무를 쪼개어 엮은 평상에 식구들이 둘러앉았다. 양은 솥단지에 호박을 넣고 밀반죽을 떼어 넣은 수제비가 보글보글 끓었다. 요즘에는 쌀밥이 흔하지만 그때는 보리밥도 넉넉지 않았다.

낮이 길고 무더운 여름은 어른이나 아이들에게 모두 힘든 계절이다. 5월 보리 베기로 시작해 7월 모내기가 끝날 때까지 이어진다. 그때까지 어른들은 엉덩이를 바닥에 붙이고 쉴 틈이 거의 없다. 아이들은 놀기 바쁘지만 새참 물주전자를 나르거나 소꼴을 베는 일을 해야 했다.

아버지는 여름이면 먼동이 트기 전에 일어나 들로 나갔다. 삽과 낫을 가지고 자전거를 타고 다녔다. 우리 논이 한곳에 모여 있지 않아 한 번 둘러보려면 아침나절이 빠듯했기 때문이다. 40마지기(한 마지기는 200평) 논 농사를 짓기에는 아버지의 건강이 여의치 않았다. 어쩔 수 없이 먼 친척 아저씨에게 새경(1년 단위로 주는 임금)을 주고 고용했다. 힘든 노동은 아저씨가 했지만 모든 영농은 아버지가 지시했다. 씨 뿌리기, 모내기, 농약치기, 추수 등 언제 어떻게 할 것인지를 결정하는 것이 중요하다. 그래서 아버지가 늘 강조한 말이 있다.

"먹는 것은 미루더라도 농사일은 당겨서 해라."

그 덕분에 이웃들이 부러워할 정도로 우리 집 농사가 잘 되고 일처리가 앞서갔다.

모내기를 다 끝내면 우리 가족은 피서를 갔다. 해수욕장이나 유명한 산이 아니다. 우리 밭이 있는 산수동(마을 뒤 가까운 동산)이다. 고인돌이라도 될 듯한 크고 널따란 바위가 두 개 있는 자그마한 동산이다. 나무 그늘이 지고 시원한 바람이 불어서 하루를 즐겁게 뛰고 놀았다. 밭에서 막 따온 오이와 삶은 옥수수, 당시에는 금고기(?)인 돼지고기(삼겹살이나 목살 등으로 구별하지 않았다)를 구워 먹었다.

중학교는 광주로 유학을 갔는데 우리 학교에서 세 명밖에 없었다. 그때는 집에서 광주에 가려면 버스로 네 시간이 넘게 걸렸다. 자식을 잘 키우고 싶다는 마음이야 누구나 같겠지만 아버지의 욕심은 남달랐다. 나는 친척 집에 얹혀살기도 했지만 주로 하숙을 했다.

여름 방학 때 집에 내려가면 두 가지 특별한 행사를 한다. 아버지가 토종닭을 잡아 마늘을 넣고 푹 삶으면 노란 기름이 한 사발 나온다. 그것을 영양 보충하는 약이라며 나에게 마시게 했다. 느끼하여 마시기 힘들며, 먹고 난 다음 설사를 할 때도 있어 고역이었다. 또 하나는 저녁을 먹고 나서 한 시간 정도 아버지의 말씀을 들었다. 가정 형편, 공부해야 하는 이유, 세상 살아가는 방법 등 세상사는 노하우였다. 고개를 숙이고 한참 듣다 보면 어느새 졸고 있을 때가 많았다.

"졸리면 들어가서 자거라."

아버지의 훈화가 끝났다. 그때는 몰랐지만 내가 아버지가 되고 나서야 아버지의 마음을 알게 되었다.

얼마 전 여름에 아버지 산소가 있는 산수동 밭에 성묘하러 갔다. 동산은 더 작아 보였고 잡초가 무성했다. 가족들과 여름에 피서를 갔던 그곳이 아버지의 안식처가 되었다. 내 기억 속에 있는 아버지는 아직도 젊은데 벌써 내가 반백이 되었다.

아버지를 닮은 여름이 내 여름이 되고 있다. 손녀와 손자를 양육하는 아들 내외가 힘들어하는 것 같다. 며느리가 육아 휴직 중이지만 손녀를 어린이집에 보내려면 밥 먹이고 씻겨서 옷 입히는 것이 전쟁이란다. 여자애라서 그런지 옷, 신발, 머리 등에 까탈이 심하고 잘 삐진다.

오늘은 날씨가 30도를 넘어서 무덥다. 아버지의 여름을 핑계로 아들네 집으로 반찬 심부름을 자청했다. 강화도에서 사 온 인삼을 사흘 동안 달인 홍삼 액이 아버지의 닭 영양 약을 대신한다. 며느리가 좋아하는 생김치, 오징어볶음, 더덕구이, 해초, 전복, 체리, 멜론 등으로 보따리가 무겁다.

그래도 내가 아버지의 여름을 다 흉내 내지는 않는다. 1시간 넘는 훈화는 물론 보고 싶은 손자 얼굴도 생략한다. 아들 아파트 출입구 문 앞에 보따리를 놓고 와서 며느리에게 전화한다.

"출입문 열어봐라. 모임이 있어 가는 길에 반찬 몇 가지 갖다 놓았다."

"아버님, 들어오셔서 손자 얼굴도 보고 가시지 그러셨어요?"

"나도 그러고 싶었지만 가는 길이 좀 바빴다. 나중에 보자."

"감사합니다. 잘 먹을게요."

나는 아버지에게 배운 사랑을 실천하고 있는 중이다. 올해는 벌써 장마가 끝나고 폭염이 계속되고 있다. 무덥고 힘들지만 아버지를 생각하면 이 여름의 무더위쯤이야 거뜬히 이겨낼 수 있을 것 같다.

2부

누구에게나

나도 힘들다

내 주인은 코로나19 때문에 살기 힘들다고 입버릇처럼 말하지만 사실은 나도 요즈음 힘들다. 나는 역마살을 타고났다. 그래서 그런지 한 곳에 조금만 오래 머물면 좀이 쑤시고 힘들어 병이 나려고 한다.

원래 내 모습은 둥그런 모습이었다. 누구에게나 쉽게 굴러가고 친근한 모습이어서 좋아하지 않은 사람이 없다. 그런데 언제부터 형제가 많이 생기고 모양이 달라지기 시작했다. 한 어머니 뱃속에서 나온 쌍둥이도 다른 점이 많은데 형제의 모습이 좀 다르다고 무슨 대수이겠는가. 하지만 쉽게 넘어가지 못할 이유가 생겼다. 네모지거나 형체도 잘 갖추지 못해 못생긴 동생들의 인기가 높아지더니 이제는 나를 찬밥 취급한다. 겨우 어린이들 놀잇감이 되기도 하고 때로는 돼지 저금통에 갇혀서 몇 년씩 햇빛을 보지 못할 때도 있다.

이런 나의 푸념을 형제들이 듣고 자기도 신세 한탄을 늘어놓는다. 젊었을 적에는 명절 때면 자기를 만나려고 은행 창구에서 줄을 서던 사람들이 많았단다. 향긋하고 빳빳한 표정을 거만하게 지었을 때는 예쁜 지갑에 고이 보살펴주는 사랑을 받았다. 내일을 모르는 그때가 정말 좋았다.

나의 외출을 망설이는 주인을 충동질해 이곳저곳으로 여행을 시작하자 내 몸에 세상의 때가 겹겹이 쌓였다. 어떤 친구는 폭행을 당해 몸이 찢어지기도 했는데 그런 주인은 친구의 저주 때문인지 힘들게 산단다. 어쩌다 만난 형제의 모습이 안타깝다. 몸에서 비린내가 나고 얼마나 힘들었는지 온몸이 주름살투성이다. 얼굴도 시꺼멓고 전화번호 문신에 귀를 스카치테이프로 응급처치 하고 있다.

우리들은 주인을 잘 만나야 행복해진다. 어떤 주인은 비록 반지하 월세방에 살지만 마음이 착해서 땀 흘리며 한 달 동안 일한 임금을 받는 날이면 깨끗하게 씻은 두 손으로 우리를 받아 속옷 주머니에 간직한다. 또 어떤 사람은 우리를 써 보지도 못하고 극단적 선택을 감행한다. 남겨진 나를 밀린 월세와 장례비용으로 써 달라는 유언을 남기고. 언론에서는 우리 탓이라고 입방아를 찧었지만 그게 어째 우리 때문인가.

우리도 할 말은 많다. 우리들 대부분은 땀 흘리고 노력하는 사람을 찾아다닌다. 요즈음 몇몇 나쁜 녀석이 집이나 땅, 주식시장을 휘젓고 다닌 탓에 '이생망'이란 속어까지 나오게 한다. 얼굴 들기가 부끄럽고 민망하기 짝이 없다.

나는 언제부터인지 지금의 주인만 쳐다보고 있다. 제법 현금을 쓰는 사람인지라 잠깐 여독을 달랜 후 다시 길을 떠나려 했는데 벌써 몇 주째 감감무소식이다. 형편이 어려운 것도 아닌데 외출도 거의 하지 않는다. 그러니 내가 사명을 다하기 어렵다. 난감하고 우울증까지 와서 힘들다.

주인이 외손자를 어린이집에 데리고 갈 때는 열심히 지갑을 챙긴다. 혹시나 하는 생각에 마음이 설레지만 "역시나!"로 끝날 때가 대부분이다. 어쩌다 시장에 가서도 멀쩡한 나를 놓아두고 카드를 꺼낸다. 할 말은 아니지만 주인 지갑은 비만이 된 지 오래고 뱃살이 갈수록 두꺼워지고 있다.

요즈음 내 주인의 허리와 목에 갑자기 힘이 들어갔다. 혹시나 하고 재난 지원금을 기대하더니 88%에서 제외된 상류급 인사라는 통보를 받았다. 괜히 헛웃음을 몇 번 짓더니 상류 인사답게 살겠다고 한다. 내 주인의 아래에 88%의 사람이 있으니 말은 되지만 솔직히 공감은 안 된다.

그래서 나는 요즈음 외롭고 힘들다. 가게 문을 닫은 사람, 취업 준비생, 반지하의 사람들을 위로하고 싶은데 내 모습이 변했는지 잘 굴러가지 않고 대면의 기회가 자꾸 줄어들고 있다. 단지 믿을 것은 내 주인의 화통한 성격이 되살아나서 그의 지갑을 탈출하는 기적을 꿈꿀 뿐이다.

인생 답안지

답안지는 시험을 보고 제출하는 결과지다. 그동안 살아오면서 수없이 많은 답안지를 제출했다. 그중에서 나는 대학 입학시험 답안지를 생각할 때마다 가슴이 막히고 부끄럽다.

기술자가 되겠다고 마음먹고 공고 기계과로 진학했으나 적성이 맞지 않아 3년을 방황했다. 논다(?)는 친구들과 어울리고 급기야는 서울로 가출을 계획하기도 했다. 함께 모의했던 친구들은 결행했지만 내 계획은 무산되었다. 부모님이 매달 보내주시던 하숙비가 늦게 도착해 거사할 자금이 없었기 때문이다. 그 덕분에 겨우 졸업은 할 수 있었지만 취업은 포기했다. 가정 형편 때문에 대학 진학이 어려운데도 대학 입학 지원서를 냈다.

불행히도 대학 입학시험 답안지를 제출도 못하고 낙방했다. 변명이지만 부모의 지원이 없음에 실망하여 시험 시간에 늦었다. 이 작은 실수가 내 인생의 방향을 완전히 바꾸었다. 1년을 쉬고 교대에 들어가서 교육자가 되었다. 그 후 시간에 대한 트라우마가 생겨서 약속 시간보다 1시간 먼저 도착하기가 일쑤다.

인생도 답안지가 있다. 자기 마음대로 살다 가면 되는 것 같지만 세상을 떠날 때는 나름대로 작성한 답안지를 제출해야 한다. 답지 4개 중에서 하나를 선택하는 객관식이 아니라 자신이 설계하고 만들어가는 주관식이다. 주관식 답안지에는 서론, 본론, 결론이 있다.

서론은 자기에게 주어진 인생의 의미를 알고 나아갈 길을 정하고 능력을 기르는 시기이다. 가정에서 부모의 돌봄, 학교에서 선생님의 가르침, 독서를 통한 선인들의 경험, 친구들과 인생 연습 등이 이때의 주된 활동이다. 경쟁이 치열한 세상인지라 언제부터인지 삶의 의미보다 삶의 무기인 능력에 지나치게 몰두하기 시작했다. 방향도 모르면서 인생의 칼을 열심히 벼른 덕분에 남보다 앞서가고 쉽게 나아가기는 했다.

마음이 조급한 사람들이 인생의 떡잎을 과대평가하여 서론에 치우친 경향이 짙어지고 있다. 금수저가 인생 답안지의 서론을 쓸 때는 유리하지만 흙수저에 절망하는 '이생망(이 세상은 망했다)'이라고 말하는 사람이 많아지면 세상은 기울어진 운동장이 되고 만다. 기울어진 운동장에서는 공정을 기대할 수 없고 여기서 쌓인 불만은 결국 금수저가 갖고 있는 기득권을 빼앗고 만다. 현명한 자는 지금 가지고 있는 것을 지키기 위해서라도 조금 양보하고 흘려보내는 삶을 산다.

인생 답안지의 본론은 서론에서 준비한 계획과 능력을 자기가 정한 방향으로 달려가는 내용이다. 열정과 노력, 미래를 예측하는 능력, 누군가의 신뢰를 바탕으로 한 걸음씩 앞으로 나아간다. 기쁨과 즐거움은 짧고 눈물과 땀, 실패와 좌절이 반복되기도 한다. 성공한 자는 쓰러져도 일어나는 사람이고 물러서거나 핑계를 만들어내는 자는 실패한 사람이다. 아홉 번 실패했지만 마지막 한 번은 성공하여 인생을 아름답게 마무리하기도 하고, 아홉 번 성공했지만 마지막 한 번의 실패로 모든 것을 다 잃기도 한다. 본론은 결론을 도출하기 위한 과정이다.

아무리 인생 답안지의 서론과 본론을 잘 썼을지라도 결론이 잘못되면 답안지에 대한 평가를 높게 받을 수 없다. 평가자가 자신일 때도 있지만 부모, 자식, 자신의 지지자일 때는 팔이 안으로 굽는 현상 때문에 객관적 판단이 어렵다. 나와 관계가 먼 사람들의 판단을 넘어 역사가나 절대자인 하나님의 심판이 인생 답안지의 진정한 평가라고 생각한다.

인생의 답안지는 정답이 없다는 사람이 있다. 사람마다 형편과 능력, 가는 길이 다르기 때문이다. 그러나 존재의 의미인 사명과 삶의 방향이 바르지 못하면 아무리 성공했다고 해도 자신의 주장과는 다른 평가를 받기도 한다.

인생 답안지의 채점은 그 사람이 삶을 마무리할 때 한다. 객관식이 아니라 주관식이기 때문에 정확한 결과를 예측하기 어렵다. 단지 출제자인 절대자가 밝힌 평가의 방향은 서론에서 살아갈 방향과 성실한 본론의 노력, 결론에서 자신만의 향기가 드러나야 한다. 어떤 사람은 자신의 삶을 살지 못하고 다른 사람을 따라 살기도 하고 지나치게 남의 눈치를 살피다 세월을 허송하기도 한다.

세상에는 해야 할 일이 많다. 꼭 무엇을 해야 하는 것은 아니다. 자신과 어울리고 잘 하는 것을 찾아 의미 있는 열매를 맺으면 된다. 크고 화려한 일만 중요한 것이 아니다. 누군가가 하지 않는 일, 할 수 없는 일을 하는 것이 평가에서 가산점이 있다고 생각한다.

지금 나는 인생 답안지의 결론을 쓰고 있다. 지난 세월동안 쓴 본론이 아쉽고 부족함을 자주 느낀다. 한 번밖에 살 수 없는 인생을 너무 쉽게 선택하고 결정했던 일이 많았다. 그러나 지난 일은 어쩔 수 없다. 마지막 인생 답안지의 결론에는 후회나 미련을 새기지 않도록 최선을 다하려고 한다.

말한 대로

지난주 토요일, 익산에 다녀왔다. 장인 장모를 추모하기 위해 일곱 형제 중 다섯 가정이 참석했다. 막내가 올해 쉰여섯 살이라니 세월이 참 빠르다. 전국적으로 비가 온다고 해서 걱정했다. 다행히 비는 오지 않았다. 감사하게 산소도 아름답게 정리하고 하나님께 경배와 찬양을 드리는 예배를 은혜 중에 잘 마쳤다.

형제들이 모이면 어린 시절 추억, 건강, 자식들 사는 이야기, 손주 자랑으로 끝이 없다. 이번의 주요 화제는 건강이었다. 손주를 돌보느라 집에만 있는 둘째처남의 건강에 문제가 있었다. 결론은 운동을 꾸준히 하고 가까운 사람과 자주 만나 대화를 해야 한단다.

가까운 사이일수록 걱정이 많고 지도 조언이 많다. 듣는 사람 입장을 생각하지 않고 목적이 너무 앞서기 때문이다. 우리가 수없이 만나는 사람들에게 상대의 처지를 배려하려면 깊이 생각하고 오랜 수련이 필요하다. 그 수련의 정도를 인품이라 한다니 말 한마디가 쉬운 것이 아니다.

우리 고향에 박상길이라는 상놈이 푸줏간을 열었다. 박상길을 아는 양반 두 사람이 시장에 들렀다가 그 푸줏간으로 들어갔다. 아랫마을에 사는 양반이 고기를 주문했다.

"야, 상길아! 고기 한 근만 다오."

"예, 여기 있습니다."

박상길은 양반이 주문한 고기 한 근을 베어 내놓았다. 두 번째로 들어온 윗마을 양반도 고기를 주문했다.

"박서방, 나도 고기 한 근 주시게."

"예, 알겠습니다."

박상길은 아까보다 훨씬 많은 양의 고기를 썰어 두 번째 양반 앞에 내놓았다. 먼저보다 두 배는 족히 되어 보였다. 그러자 아랫마을 양반이 역정을 내었다.

"아니 이놈아! 같은 한 근을 주문했는데, 어째서 이렇게 차이가 많이 난단 말이냐!"

"예, 그거야 앞엣 고기는 상길이가 잘랐고, 뒤엣 고기는 박서방이 잘라서 그렇답니다."

박상길이 이렇게 천연덕스럽게 말하니 앞의 양반은 아무 대꾸도 하지 못했다. 상길이와 박서방은 이렇게 다른 사람이다. 아니, 말 한 마디에 따라 상길이가 되기도 하고 박서방이 되기도 하는 것이다.

인생이 실패하는 이유 중에서 그 80%가 인간 관계의 실패 때문이라고 한다. 역사 이래 총이나 칼에 맞아 죽은 사람보다 혀 끝에 맞아 죽은 사람의 숫자가 더 많다는 이야기가 있다. 곰은 쓸개 때문에 죽고, 사람은 혀 때문에 죽는다.

사랑하지만 가장 많이 다투는 사이가 부부다. 어떤 말을 해도 괜찮을 것 같지만 분명히 가려야 할 말이 있다. 운동의 필요성은 누구나 안다. 운동을 해야 한다고 말하지만 모두 운동을 하지는 않는다. 변명 많은 마음을 돌이킬 수 있는 계기가 있어야 한다.

아픈 처남의 모습이 어머니를 닮아서 어깨와 허리가 굽어졌다는 말에 여러 자식이 화를 냈다. 자식이라서 나쁜 것을 부모 탓으로 돌리면 사실일지라도 인정하기 싫은 모양이다. 다행히 동서의 재치 있는 말에 잘 마무리되었다.

"나는 하루에 2만 보를 걷고 있네요."

다들 입을 짝 벌렸다.

"좋아서가 아니라, 살기 위해서 걷고 있답니다."

그 말에는 고개를 끄덕였다. 요즘 형제 카톡방이 요란하다. 여기저기서 2만 보 성과를 알리는 내용이다. 다음에 만날 때까지 모두 꼭 지키라는 큰처남의 당부가 무겁다.

"걸을 때는 허리, 목 쭉 펴고 거만하게, 마음은 겸손하게."

세상이 아무리 자기 마음대로 안 된다지만 계획도 없이 사는 사람이 많아지고 있다. 내일의 동량이라는 아이들을 가르치면서 가장 난감할 때가 꿈이 없다는 아이를 만났을 때다. 그런 아이는 의욕이 없어 공부나 생활에 교사의 말이 잘 먹히지 않는다.

양보를 해도 습관적으로 뒤로 물러서는 사람보다 남을 배려하는 이유와 마음이 있는 사람이 아름답다. 역시 마음이 중요하다.

여자는 얼굴로 늙지만 남자는 마음으로 늙는다고 한다. 마음에 이것저것이 가득 차서 늘 분주한 사람은 세월보다 앞서 늙어간다.

어쩌다 만난 후배들이 "갈수록 젊어지십니다."라고 인사한다. 잘 살고 있다는 생각에 기분이 좋다. 그런데 더 생각해 보니 쑥스럽다. 얼굴이 좋은 이유가 속이 없어 마음이 편하기 때문이라는 말로 들렸기 때문이다.

요새는 너무 친절하게 조언하는 사람이 많다. 나를 걱정하는 마음에 도움을 요청하지 않은 부분까지 일일이 참여한다. 그 마음은 고마우나 가끔 간섭처럼 느껴질 때가 있다.

하고 싶은 말을 다 말하고 사는 사람을 본다. 듣는 사람이 없는 곳에서 말하는 것까지 문제 삼을 이유는 없다. 하지만 뒷담화의 만족은 짧고, 후회는 길다. 면전에서 할 수 없는 이야기를 뒤에서 하는 것은 곤란하다. 욕도 마찬가지다. 욕한 사람의 말을 들어야 할 사람이 듣지 않으면 그 욕은 했던 사람에게 되돌아간다. 이래저래 마음 한 번 편하자고 밖으로 표현한 말이 잘못 꼬이면 세상 살기 힘들어진다.

인생 열차

기상 이변으로 모든 것이 꽁꽁 얼어붙은 지구, 살아남은 사람을 태운 기차 한 대가 끝없이 궤도를 달리고 있다. 춥고 배고픈 사람들이 바글대는 빈민굴 같은 맨 꼬리 칸. 선택된 사람들이 술과 마약까지 즐기며 호화로운 객실에서 뒹굴고 있는 맨 앞 칸.

열차 안의 세상은 결코 평등하지 않다. 이 열차는 출발한 지 17년이나 지났는데 꼬리 칸 사람들이 앞 칸으로 가기 위해 다투고 싸운다. 인생 열차를 닮은 영화 〈설국열차〉 이야기다.

사람은 모두 인생 열차를 탄다. 편도인 이 열차는 중간에 고장이 나면 고치기도 하고 간이역에서 잠시 쉬었다 가기는 한다.

하지만 돌아오는 열차나 사람이 없기 때문에 앞에 어떤 장애물이나 다른 길이 있는지 알지 못한다.

때로는 내가 타고 있는 열차보다 훨씬 빠르게 지나가는 열차가 있다. 간이역에서 갈아탈 수는 있으나 되돌아가지는 못한다. 나도 인생 열차를 탄 지 어느새 60년이 넘었다. 종착역에 언제 도착할지는 모른다. 전에는 많은 사람이 60년도 안 되어 내렸는데 요즘은 100년 차 승객들이 자주 눈에 띈다. 가끔 간이역에서 자신만의 인생 열차를 마감하는 사람도 있다. 병마나 사고로 더 이상 인생 열차를 탈 수 없는 사람도 있지만 인생이 힘들어 스스로 열차에서 내리기도 한다. 인생 열차의 승차가 내 뜻으로 결정되지 않았듯이 하차도 내 마음대로 해서는 안 된다. 간이역이 누군가에게는 시발역이기도 하지만 어떤 사람에게는 종착역이 될 수도 있다. 타고 내리는 승객은 달라지지만 인생 열차는 계속 달린다.

이 열차에는 수많은 객실이 있다. 그 객실은 흙수저가 타는 3등실이 가장 많고 2등실, 1등실, 특실로 갈수록 객실 수가 적다. 처음 객실의 선택은 예약제로 운영된다. 부모의 능력이 객실의 등급을 결정하기 때문에 어쩌면 인생 열차는 복불복인지도 모른다.

객실 간 이동은 가능하나 쉽지가 않다. 가끔 3등실에 서 있던 사람이 특실로 갔다는 말을 들었다. 그들은 자격시험이나 선거라는 길을 통과하거나 사업으로 대박을 터뜨리는 사람들이다. 어쩌다 로또에 당첨되어 갔던 사람도 있었는데 얼마 되지 않아서 다시 3등실로 되돌아왔다.

콕 집어 말하지 않아도 알만한 J의 인생유전은 지금도 3등실에서 전설처럼 전해지고 있다. 그는 가난한 농사꾼의 아들로 태어나 10살부터 농사일을 했다. 학력도 초등학교 졸업이 전부다. 아침 4시면 일어나 부지런히 일을 했으나 첫 사업 쌀가게는 물론 자동차 수리공장도 실패했다. 그의 뛰어남은 무엇이든지 가능하다는 상상력과 작은 실패에 얽매이지 않은 대담함에 있다. 그의 인생 열차는 나라의 경제를 좌우하는 기업가, 분단 조국의 통일을 위한 시도, 기성 정치에 도전 등 성공과 실패로 극과 극을 달렸다. J에 대한 평가는 역사가에 미루지만 그의 도전 정신은 높이 평가한다.

인생 열차에도 세월 따라 흘러가는 계절이 있다. 내 인생의 봄인 학교에 다닐 때는 어머니의 부재로 힘들었다. 봄에 뿌린 씨가 싹이 잘 나고 자라야 하는데 가정의 한 축이 무너졌으니 꽃샘추위에 많이 시달렸다.

직업이 안정되자 하나님을 믿고 결혼하여 자식을 낳았다. 날씨가 무덥기는 했지만 사랑과 용기가 넘치는 시절이었다. 방송통신대학과 교육대학원 졸업, 근무지 인천 전입 등이 그 여름에 쌓은 공든 탑이다.

이제 인생 열차의 계절이 가을의 끝자락으로 접어들었다. 아름답고 화려한 수확의 계절이지만 인생 열차가 너무 빨리 달린다. 교장 승진, 자식 결혼, 손주 탄생, 정년퇴임으로 목표한 인생의 소망을 어느 정도 달성했다.

찬바람이 아침저녁으로 옷깃을 파고들지만 아직 인생의 계절이 바뀌지는 않았다. 서산으로 기우는 낙조의 아름다움을 즐길 수 있는 여유는 믿음과 백세라는 종착역을 믿고 소망하기 때문이다. 언젠가 나는 인생 열차에서 내리겠지만, 자식과 손주는 그 인생 열차를 타고 달릴 것이다.

인생 열차가 혼란스럽지만 이 터널의 끝이 조금씩 보이기 시작한다. 오늘도 아침 단상을 쓰고 또 하나의 수필집 출간을 꿈꾸고 있는 것은 소망과 희망이 있기 때문이다.

내 인생 열차는 지금도 쉬지 않고 열심히 달리고 있다.

삶 그리고 달걀

요즘 들어 인생이나 삶이 무엇인가에 대한 생각을 자주 한다. 평생 달려왔던 길의 종점에 섰을 때 성취감보다 무언가를 잃은 것 같은 허전함이 컸었다. 이제까지 바라보고 살았던 목표가 사라졌기 때문이다. 한창 바쁘게 살 때는 삶의 본질에 대한 생각보다 살아남으려는 조급함에 늘 쫓겨 살았다. 어쩌면 말은 안 했지만 삶이 먹고사는 것이라고 여겼던 것 같다.

지인 중에 철학 교수가 있다. 그와 이야기를 나누면 내 삶이 너무 작은 울타리에 갇혀 사는 것 같았다. 그런 그가 삶의 본질을 다시 생각하기 위해 화엄사에서 한 달을 사색했다. 서울로 올라오는 길이라며 걸려온 전화 속의 목소리가 밝았다.

"그래, 삶은 무엇이던가요?"

진지하게 묻는 나에게 대답은 않고 웃기만 한다.

"아니, 맨 입으로 말할 수 없어서 그래요? 내가 밥 한 번 살게요."

한참 뜸을 들이더니 겨우 한다는 소리가 어처구니없다.

"삶은 달걀입니다."

어쨌든 약속은 약속이니 내가 밥을 샀다. 한 달이나 사색했지만 결론을 못 내리고 올라오는 기차에서 졸았단다. 잠결에 홍익요원이 외치는 소리에 정신이 들어 자세히 들어보니

"삶은~~ 달걀이요!" 하더란다.

역시 철학은 꿈보다 해몽이다. 삶이 계란과 비슷한지, 계란이 우리의 삶을 닮았는지 모르지만 그 해몽에 공감했다.

달걀이나 삶은 둥근 모습을 잘 지키면 모나지 않아서 함께 행복할 수 있다. 어차피 깨어져야 하지만 스스로 깨면 생명이 되고 남이 깨면 요리가 되고 만다.

우리 집은 외손자 두뇌발달과 노인 치매예방에 좋다하여 달걀을 많이 먹는다. 그런데 집에서 삶은 달걀을 먹을 때마다 껍데기가 잘 벗겨지지 않아 애를 먹는다. 찜질방에서 먹던 달걀은 한 번에 쏙 벗겨지는데, 집에서 삶은 달걀은 껍데기에 살점이

많이 붙어 떨어진다.

무슨 일이든 그렇듯이, 달걀 껍데기가 잘 안 벗겨지는 것은 잘못 삶았기 때문이다. 인터넷 달인으로 자처하는 나의 달걀 삶는 비법은 삶기 전에 냉장고에 있는 달걀을 미리 꺼내 놓는다. 냄비에 달걀이 잠길 만큼 물을 붓고 식초와 소금을 조금씩 넣는다. 기호에 따른 반숙이나 완숙은 삶는 시간이 결정한다. 반숙은 7~8분, 완숙은 12~13분이면 된다. 다 삶아지면 찬물에 담가 두었다 꺼낸다. 껍데기 벗기는 마지막 팁은 달걀의 둥그런 쪽 껍데기를 두드려 금이 가게 한 다음 조금 벗겨지면 숟가락을 넣어 돌리면 상처 없이 깨끗이 벗겨진다.

달걀이나 과일의 껍질은 속 알맹이를 보호하기 위한 역할을 주로 한다. 때로는 자신의 색깔이나 모양으로 알맹이의 가치를 판단하는 기준이 될 때도 있다. 사과 같은 과일은 껍질 째 먹기도 하지만 대부분 껍질을 벗기고 먹는다. 껍질이 꼭 필요하지만 먹을 때는 번거롭다.

모르는 사람을 처음 만나면 속을 알 수 없어 조심스럽게 이리저리 살펴본다. 껍질인 옷차림이나 머리를 보고 속 사람을 짐작한다. 그런데 사람은 껍질이 많고 쉽게 바꿀 수 있기 때문에 진정한 그 사람을 알기 위해서는 껍질을 잘 벗겨야 한다.

나라를 다스리는 공직자는 선출직과 임명직이 있다. 선출직은 출마자들끼리 비교 검증하는 껍질 벗기기를 통해 국민이 선택한다. 임명직은 청문회를 통해 능력과 도덕성의 검증을 위한 껍질 벗기기를 한다. 조금 가혹할 만큼 벗겨내는 껍질에 안타까움과 씁쓸함이 늘 묻어있다. 감추어졌던 사실을 모두 소환해 내는 무한 검증에 분노할 때가 많지만 속으로는 솔직히 많이 찔린다.

때로는 임명권자의 판단이 국민의 눈높이에 못 미치는 경우가 많다. 그래서 청문회 무용론을 말하기도 하지만 그들이 껍질 벗기기 과정을 통해 새롭게 변화하는 기회가 될 것이라는 기대를 해 본다.

달걀 껍데기 벗기기도 어렵지만 임명직 공직자 껍질 벗기기는 더 어렵다. 정치적 이해가 상충하여 충분한 준비도 없이 큰소리만 지르면 진짜 속 사람은 알 수도 없다.

우리의 삶도 껍질 벗기기가 서투른 사람은 사업을 해도 망하기 십상이다. 껍질만 보고 너무 쉽게 믿어서 사기를 당하거나 의심이 깊어 고객의 마음을 얻지 못하기도 한다. 사업에 성공하거나 대박을 오래 유지하는 사업가는 껍질 벗기기 달인이다.

말과 행동에 마음이 들어 있지만 거기에도 껍질은 있다. 40

년 넘게 함께 살아온 아내의 껍질 벗기기가 지금도 계속되고 있다. 눈감고 목소리나 냄새, 촉감으로 구별할 수 있는 단계에 이르렀지만 내가 모르는 속사람이 가끔 발견된다. 아내만이 아니다. 자식도 마찬가지다.

맛있고 행복한 삶은 달걀인 것 같다. 생긴 것처럼 둥글게 처신하며 지혜롭게 삶고 조심스럽게 껍질을 벗겨야 한다.

오늘 아침에도 삶은 달걀의 껍데기를 조심스럽게 벗겨 입에 넣으며 철학 교수인 지인의 말을 떠올린다.

'삶은 달걀이다.'

인생 요금

아파트 관리비 고지서를 보고 깜짝 놀랐다. 지난달보다 10만 원이 더 나왔다. 불편한 마음에 꼼꼼히 살펴보니 전기료, 수도 요금이 문제였다. 코로나19로 외출이 제한되어 집에 있는 시간이 많아졌다. 그 탓에 하루 종일 TV와 컴퓨터를 켜고 수시로 냉장고를 여닫아서 전력 소비가 늘었다. 콧물이 나거나 몸이 조금만 으스스해도 건강 염려 불안 증세가 발동해 욕조에 뜨거운 물을 받아서 들어갔다. 그뿐이 아니다. 겨울이 멀었는데 추위를 타는지 침대 난방을 줄곧 켜놓고 지냈다. 그랬으니 할 말이 없다.

각 가정의 관리비 차이는 전기료, 수도 요금 같은 요금에 따라 달라진다. 요금은 남의 힘을 빌리거나 물건 따위를 사용, 소비, 관람하고 치르는 값을 말한다. 어찌 관리비뿐이겠는가. 인생에도 당연히 지불해야 할 요금이 있다. 내 인생에 분수령이 된 교감 승진을 위해 4년간 강화도에서 살았다. 월요일에 들어가서 토요일에 돌아올 때까지 가족과 떨어져 혼자 살았다. 당시 딸이 고3이었는데 아빠 노릇을 제대로 하기 어려웠다. 외로움, 힘든 일, 허술한 아빠 노릇이 승진을 위한 인생 요금이라는 생각을 한다.

우리 부부는 그렇게 오래 함께 살았으니 닮기도 할 법 한데 매번 부딪힐 때마다 마음이 불편하다. 어젯밤에 늘 입던 바지를 찾는데 없다. '분명히 그곳에 걸어놓았는데…'

한참을 뒤적거리고 있는데, 아내가 힘들게 옷 정리를 했는데 또 뒤죽박죽 만든다고 구시렁거린다.

"여기, 내 바지 어디다 또 치웠어요? 참 힘들게 하네!"

"그 바지, 바짓가랑이에 흙이 많이 묻어서 물로 씻어 밖에 널어놓았다 말했잖아요. 내 참, 말할 때는 잘 듣지 않고 불평은 잘 하네."

아내와 나는 달라도 많이 다르다. 아내는 매사에 꼼꼼하고 정확하지만, 나는 관심 있는 것 말고는 대충대충 처리한다. 분명히 아내가 흙 묻은 바지 이야기를 했지만, TV를 보느라 건성으로 알아들었다고 대답한 것 같다.

며칠 전에 지인이 보내준 글이 생각난다. 불평은 은사라고 하며, 자기는 잘하지만 상대가 잘못할 때 나온단다.

은사는 하나님이 성령을 통해서 인간에게 주는 특별한 은혜를 말한다. 공부, 노래, 운동, 말, 용모, 힘 등이 남보다 뛰어난 것이 모두 은사이다. 대부분의 사람들은 이 은사를 자기만 잘 먹고 잘 살기 위해 사용하는 것 같다. 힘든 세상을 살아가려면 은사 하나쯤은 가지고 있어야 세상살이가 편해지기는 한다. 자기가 원한다고 누구나 은사를 가질 수 없고 모든 은사를 다 가진 사람도 없다. 그래서 세상을 살다보면 자기가 갖지 못한 은사에 대한 아쉬움을 불평으로 쏟아내곤 한다.

내가 아침 일찍 일어나는 은사로 아내가 늦게까지 잠을 편히 잘 수 있다. 아내는 내가 일찍 잠자리에 들고 일찍 일어나는 습관을 젊어서는 불평이 많았는데 요즈음은 고맙다고 한다. 맞벌이하는 딸네를 위해 외손자를 돌보는 일이 우리 부부에게 남은 삶에 있어 은사인지도 모른다. 그 은사를 실천하기가 힘들지만 외로움을 달래주는 인생 요금이라고 생각 한다. 어떤 은사도 영원하지 않다. 주신 분의 뜻과 다르거나 제대로 요금을 지불하지 않으면 그 은사가 줄어들거나 잃게 된다. 불평이 마음속에 생기거나 입 밖으로 자주 튀어나오면 은사의 요금이 연체되고 있거나 위험한 지경에 있다는 신호일 수 있다.

지금도 인생 요금을 지불하고 있다. 한 달에 한 번씩 골프를 하는 친구 모임에서 외톨이가 되어가고 있다. 외손자를 돌보느라 참석하지 못하기 때문이다.

"아니, 손자가 자기만 있어요? 이제 우리도 자기 인생을 살아야 해요." 카톡으로 전해오는 친구들의 메시지에 미안함의 변명이 길어진다.

아내와 둘만 있는 집에 사람의 온기를 불러일으키는 외손자의 웃음소리. 말은 잘 못하지만 자기가 원하지 않는 것은 "아니야, 아니야!" 할 때면 골프도 까맣게 잊고 함박웃음을 터뜨린다. 손자 사랑의 요금을 많이 지불하고 있는 것 같다.

끝이 좋아야 성공한 인생이란다. 아무리 높은 지위나 많은 재산을 가지고 누렸을지라도 정당한 인생 요금을 지불하지 않으면 혹독한 시련이나 손가락질을 당한다. 나를 키워준 부모에 대한 요금, 나의 안전을 지켜주는 국민으로서의 요금, 늦은 저녁에도 나를 기다리는 가족을 위한 요금은 모두 내가 지불해야 하는 인생 요금이다.

요금을 내는 사람은 행복한 삶을 누리고 있거나, 누리고 싶은 사람에게 해당하는 의무이다. 남은 인생을 편안하게 지내기 위해서 힘들지만 인생 요금을 긍정적으로 지불하려고 한다. 지금 내 통장에는 큰 욕심만 부리지 않으면 적어도 백세까지 살더라도 인생 요금을 지불할 마음과 시간의 여유가 있기 때문이다.

세상이 왜 이런대요?

바라고 기도하는 대로 일이 잘 풀리지 않을 때 흔히 내 뱉는 말이 있다.

"세상이 왜 이런대요?"

세상은 원래 그런 것이란다. 사람은 많고 원하는 것은 끝이 없으니 세상인들 어찌하겠는가. 맑은 날도 있지만 흐린 날이 더 많다. 기쁨보다 힘든 일이 더 자주 있는 것이 세상이라는 것을 깨닫고 나서 이제는 참으며 산다. 누군가 잘 사는 것을 부러워 했는데 알고 보니 그 사람도 아픈 손가락이 있었다.

세상이 옛날 같지는 않은 모양이다. 지난 세월의 생각과 습관으로 살아가다가는 속이 터져 정해진 수명을 다 채우지 못한다는 이야기를 자주 듣는다.

하고 싶은 말을 참지 못하겠다는 표정이던 P가 말문을 연다. 며칠 전 횡단보도에서 신호를 기다리는데 앞에 가는 사람이 지갑을 땅에 떨어뜨리고 갔다. 지갑을 주워서 한참을 쫓아 달려가 주었다.

"아저씨! 내 돈 5십만 원 돌려주세요."

그러지 않으면 경찰에 신고하겠다는 바람에 주머니에 있는 돈 다 털어주고 두 손을 싹싹 빌었단다. 그 일 이후 P가 변했다. 어떠한 경우라도 남의 것에는 관심을 두지 않는다. 망신당하고 돈 나가고 잘못하면 전과자 된다고 말한다.

속에 열불이 나도 창피해서 말도 못 했다는 철수 엄마의 이야기도 만만치 않다. 평소 알고 지내던 옆집 영희 엄마가 어느 날,

"철수 엄마! 나 영희 엄만데 교통사고가 나서 합의금 5백만 원이 급히 필요해서 그러는데, 이자 보태서 내일모레 줄게. 지금 이 계좌로 좀 보내줘요."하며 숨이 넘어가는 시늉을 했다. 이틀 후 영희 엄마에게 전화해서 빌린 돈을 왜 안 갚느냐 했다.

"아니, 내가 언제 돈을 빌렸는데 안 갚아요. 사람 우습게 보고 사기 치려고 하네."

돈 보내 준 계좌번호를 말하니 오히려 미친x 취급했다. 어처구니없게도 영희 엄마가 동네방네 소문까지 내서 이제는 쪽팔

려(?) 시장도 동네가 아닌 먼 곳으로 간단다. 아무리 그래도 그렇지, 이 동네 정 떨어져 이사 가야겠다며 입에 거품을 내었다. 거기다 충고한다는 말이 시퍼렇다.

"옆집에 교통사고가 아니라, 불이 나도 나만 피하고, 영희 엄마 구해주지 마라. 잘못하면 사기꾼이 된다. 안면 있고 잘 아는 사람이 사기치기 일쑤다. 어떠한 경우라도 내 주머니는 열면 안 된다."

그 일의 뒷 소식이 궁금해 전화를 했더니 다행히 돈은 받았단다. 준다던 이자는 말도 없고 이틀이 아니라 석달만이라며 학을 떼었다고 한다.

이렇게 끝나는가 했더니 O도 할 말이 있다며 심각하다. 경제가 조금 힘들어 생활비에 보태 쓰려고 방을 내놓았단다. 착하게 보이는 분이 왔기에 보증금 5백만 원에 월세 30만 원이라고 했다. 선뜻 30만 원을 주면서 이사는 내일 오며 보증금은 일주일 후 월급날 몽땅 주겠단다. 서류에 보증금을 받은 걸로 쓰고 별 생각 없이 도장을 찍어 주었다. 일주일을 기다려도 보증금을 주지 않아 재촉했더니,

"뭔 돈을 두 번씩이나 달라고 해요? 불안해서 못 살겠네요. 당장 나갈 테니 보증금 돌려주세요."

요즘 세입자가 왕이라 받지도 않은 돈을 물어주고 방은 세를

내놓지 않고 있다. 그 방 벽에는 자식들의 반대를 무릅쓰고 가훈을 액자로 만들어 걸었단다.

"어떠한 경우에라도 사후 약방문식 서류에 서명 날인했다간 돈 잃고 바보가 된다."

친구들 모임에 가려고 지하철을 탔다. 지하철이 콩나물 칸이라 양손으로 천장 손잡이를 잡았다. 손이 저려서 내리려는 순간 열차가 덜컹거리는 바람에 앞에 서 있는 아가씨의 허리와 엉덩이에 내 손이 닿았다. 갑자기 그 여성이 악을 썼다.

"성추행범이다!"

많은 사람이 나를 쳐다보고 한 마디씩 한다.

"생긴 것은 멀쩡한데 아주 나쁜 사람이네. 이런 사람은 빨리 경찰에 신고해야 해요."

눈앞이 캄캄하고 몸이 떨려서 말이 나오지 않는다. '교육자로 퇴임하고 교회도 다니며 명색이 수필가이며 손자도 있는데 내가 성추행범이라니…'

다리에 힘이 빠져 넘어져서 이마를 바닥에 찧었다. 너무 아파서 이마에 흐르는 피를 닦으려고 하니 꿈, 꿈이다. 손에는 피가 아니라 땀이 흥건했다. 현실이 아니고 꿈이어서 천만다행이었다.

"꿈이 왜 이런대요?"

세상이 왜 이런지 모르겠다. 사람이 오만하여 자연을 파괴하고 사람의 근본 심성까지 망가뜨리고 있기 때문이라고 생각한다. 나만 깨끗하게 잘 살려고 해도 함께 살아가는 물이 썩으면 모두 죽는다.

오늘이 급하다고 내일을 포기할 수는 없다. 자꾸 손자들의 얼굴이 떠오른다. 나보다 그들을 더 걱정한다. 이런 세상 때문에.

자랑질 미학

'금의환향'은 비단 옷을 입고 고향에 간다는 말인데 누구나 꿈꾸는 로망이다. 도시에서야 비단 옷을 입어도 알아보는 사람이 많지 않지만, 고향은 다르다. 동구 밖을 들어서자마자 만나는 사람들이 아무개 댁 몇째 아들이라고 알아보는 것이 상례다.

사랑하는 사람을 위해 화장하는 사람이나 자기를 인정해주는 사람을 위해 헌신하는 사람이 많다. 아무리 출세하고 돈을 벌어도 누군가 알아주지 않으면 즐겁지 않다.

무엇이든 자랑거리가 있어야 행복하다. 피부가 하얗고 날씬한 여자나 식스팩이 있는 남자는 여름을 기다리며 산다. 몸매를 자랑하고 싶기 때문이다. 그래서 그 길고 힘든 다이어트나 헬스를 참고 한다.

자랑질도 단계가 있다. 최악은 갑질이다. 인격은 부족하고 돈이나 권력만 있어 자랑하고 싶은 욕망에, 무식하게 막 들이대다 날개도 없으니 추락하고 만다. 다음은 밥 한 끼 사지도 않으면서 임계점(상황이 바뀌는 한계점)을 넘어서는 자식 자랑, 손자 자랑, 돈 자랑을 하는 사람이다. 그들의 마음을 이해하지 못하는 것은 아니지만 정말 밉상이다.

그나마 참을 수 있는 단계는 은근한 자랑질이다. 아슬아슬하지만 하고픈 자랑의 70%만 하고, 먹을 것이라도 가져와서 내놓으면 얻어먹는 맛에 장단을 맞춰준다.

자랑의 최고봉은 내가 없는 곳에서 내 칭찬이 나오게 하는 것이다. 그러기 위해서는 겸손해야 하고 참을성이 있어야 한다. 제일 중요한 것은 많이 베풀어야 효과가 있다.

내가 모셨던 교장선생님은 고향이 충청도 서산인데 교장 발령을 받고 금의환향하셨다. 나이 드신 어머니와 동네 사람이 함께한 잔치를 벌이셨다. 떡 한가마, 술과 음료, 돼지 세 마리, 과일에 기념 타월까지 마련했는데도 비용이 많이 들지 않았다고 은근히 자랑하셨다.

나도 자랑질에 목마른 사람인 모양이다. 오죽했으면 천 평짜리 농장주 앞에서 열 평 주말농장 텃밭을 자랑하고, 아직 태어나지도 않은 손자를 몇 번에 걸쳐 우려먹었을까! 그래도 아직 다하지 못한 자랑거리가 있다. 현직에서 퇴직했는데 아직도 교장선생님이라고 부르는 사람이 있기도 하지만 진짜로 듣고 싶은 이름은 작가이다. 아침단상을 700회 넘게 카톡에 올리고 수필가로 등단했으니, 자랑하고 싶은 마음이다.

더 나아가 늦게 장가간 아들과 며느리에 대해서 좀 물어 봐주면 좋겠다. 겉으로는 정말 홀가분하다고 말하면서도 눈먼 자식 자랑을 끝없이 하고 있다. 아들이 결혼하기 전부터 '사돈네 아들'이라고 선언했다. 가끔 다투더라도 아내와 둘이서만 건강하게 오래 살자고 수없이 다짐을 하지만 주말에나 겨우 얼굴을 보여주는 자식이 무척 서운하다.

내가 좋아서 하는 '자랑질'이지만 듣는 사람들 중에 듣고 싶지 않은 사람도 있을 수 있다. 어디 올백점만 자랑거리일까? 체육 한 과목만 백점을 맞아도 자랑할 수 있다. 그렇다고 다른 과목 점수를 물어서 초를 치지는 말자. 이렇게 저렇게 은근한 자랑질을 하고 나니 식사 때가 지났는데도 배가 고프지 않다. 어쨌든 자랑질은 하고 볼 일이다.

요즈음 들어 금수저, 흙수저 논쟁이 심심치 않게 들려온다.

금수저를 비난하지만, 흙수저를 자기 자식에게 물려주고 싶은 부모는 없을 것이다.

참 잘난 금수저를 알고 있다. 국회의원이라는 배지만 달고 있으면 여야를 가리지 않고 누구나 끔뻑 죽는 시늉을 하던 시절의 권세를 가진 금수저의 자식이었다. 더구나 세상도 불공평하다. 잘생긴 외모에 공부까지 잘해서 S대는 물론 사시까지 패스하여, 너무나 잘난 얼굴 쳐다보는 것도 조심스러웠단다.

그런데 이건 또 뭔 일일까. 그 잘난 국회의원님은 4선 후에 줄줄이 낙선하여 그 많던 재산 다 말아 먹었고, 금수저 아들은 손대지 않아야 할 돈에 욕심을 부려 2년인가 콩밥을 먹었다고 한다.

신체적 능력뿐만 아니라 뛰어난 재능도 너무 잘나면 주위에서 은근히 시샘하거나 불편해하는 사람이 많다. 그래서일까, '소년등과'를 인생의 3대 불행 중 하나라고 한다. 너무 일찍 출세하면 적이 많고 또 오래 그곳에 머물러야 하거나, 더 이상 올라갈 곳이 없게 된다.

더구나 남을 탓할 것이 아니라 스스로도 교만해지거나 올챙이 적 초심을 잊어버리면 결과는 뻔하다. 세상 참 어렵다. 최고의 것을 추구하면서도 너무 잘나도 안 된다니…

그래서 나는 오늘도 기도한다.

'너무 잘나게도 마옵시고, 너무 힘들게도 하지 마옵소서.'

블랙박스

"큰일 날 뻔했다."

잊었던 기억이 되살아나 놀란 가슴을 쓸어내렸다. 3년 전에 있었던 자동차 접촉사고와 관련해서 보험회사에서 전화가 왔다.

"가해자가 손해 금액을 추가로 신청했으니 15만 원을 부담해 주세요."

"합의하고 보험처리가 다 끝난 일이니, 다시 전화하지 마세요."

친구들 모임에 참석하고 돌아오다 자동차 사고가 났었다. 휴게소에 주차하려고 들어가는데 갑자기 다른 차가 나와서 내 차와 부딪혔다. 보닛, 앞문, 뒤문이 찌그러졌다. 내 차 수리비만

750만 원이 나왔다.

내 잘못이 전혀 없다고 생각했는데 블랙박스를 확인해 보니 황당했다. 갑자기 나온 차량의 모습이 분명히 찍혀져 있었다. 내가 좀 더 주의를 했더라면 사고를 예방하거나 피해를 줄일 수 있었을지 모른다. 솔직히 이야기하자면 당시에 내가 너무 피곤하고 졸려서 빨리 대처하지 못한 것 같다. 내 차 보험회사 직원의 객관적인 평가로는 나에게도 사고 책임이 있다는 것이다. 결국 70:30의 비율로 보험처리를 했다.

큰일 날 뻔한 이유는 사고의 크기가 아니다. 서로의 생각만으로 결백을 주장하면 끝도 없는 논쟁으로 이어져 걷잡을 수 없는 후유증이 발생하기 때문이다. 다행히 어느 편에도 치우치지 않는 블랙박스가 서로의 잘못을 인정하게 했다.

블랙박스는 비행기에 장착돼 사고 발생 시 원인을 밝혀내는 장비다. 구성은 비행자료 기록 장치와 조정실 음성 녹음 장치로 되어 있다. 비행자료 기록 장치는 사고 발생 전 각종 시스템에서 제공되는 마지막 25시간 분량의 연속적 데이터를 제공한다. 조정실 음성 녹음 장치는 조정실 내 음성과 조종사와 관제사 간 교신 내용 중 비행종료 2시간 분량의 음성을 기록한다. 블랙박스는 사고에 잘 견딜 수 있도록 특수하게 제작되었으며 명칭과 달리 눈에 잘 띄도록 붉은색이다.

요즈음 블랙박스는 자동차나 선박 등 기록을 보존하기 위해 많은 곳에 이용되고 있다. 잃어버린 기록을 복원할 수 있어 미스터리로 남을지도 모를 사건의 원인을 밝히기도 한다.

인사가 만사라는 말이 있다. 정치는 혼자 하는 것이 아니다. 그래서 권력을 분담할 인재를 영입하고 청문회를 거쳐 임명한다.

J 변호사는 통치권자의 신임을 얻어 정부 고위직에 내정을 받았다. 인재의 능력이나 임명권자의 의중을 너무 의식했었는지 검증이 부실했다. J는 아들의 학교폭력 문제에 부적절하게 대처한 전력이 문제 되어 결국 자진 사퇴했다. 검증할 때 그 전력을 몰랐는지 아니면 별거 아니라고 생각했는지는 모르겠다.

국민의 선택에 의존하는 정치에서 여론의 힘은 막강하다. 인재도 잘 쓰면 약이 되지만 잘못 사용하면 독이 된다. 누구라도 탈탈 털면 먼지 안 날 사람 없지만 선거로 선택되지 않은 임명직은 여론이 중요하다. 그 사람의 오늘은 지난 행적이 말한다. 사람의 기억은 불안전해도 블랙박스는 정확히 진실을 말하고 있다.

블랙박스가 속마음까지는 증거 하지 않는다. 있는 상황 그대로 과학 기술이 허용하는 범위에서 진실을 보여준다. 같은 기록을 가지고도 해석이 다를 수 있다. 그래서 말이 많고 세상 논쟁으로 끝이 없다.

더구나 기록할 수 없는 양심의 진실은 영원히 묻혀 버리기도 한다. 그것은 어쩌면 인간에게 허용된 하나님의 은혜인지도 모른다. 나의 모든 것이 백일하에 드러나면 어찌 부끄러워 얼굴을 들고 살 수 있겠는가. 덮어주고 기회를 주며 되돌아설 수 있도록 기다려주는 사랑이 오늘의 나를 존재하게 한다. 밝혀지지 않았다고 너무 오만하지는 말아야 한다. 지켜보는 하나님의 인내를 시험해서도 안 된다.

인간은 불완전한 존재이기에 잘못을 저지르며 산다. 그런 사람이 다른 사람의 잘못만 찾아내니 서로 믿지 못할 수밖에 없다. 어쩔 수 없이 블랙박스에 의존하는 현실이 씁쓸하다.

블랙박스가 만능은 아니다. 보이는 것은 모두 기록할 수 있지만 사각지대에 있는 사실은 기록되지 않는다. 진실의 일정 부분만을 증거할 뿐이다. 이 세상에는 블랙박스에 찍히지 않는 진실이 얼마나 많은가.

인생 계영배

이사하느라 뒤죽박죽이 된 책장을 정리하던 중에 책갈피가 많이 끼워진 책이 눈에 띄었다. 감동 있게 여러 번 읽었던 최인호의 '상도'였다. 무심코 펼치니 노란 색연필로 밑줄이 그어진 글이 눈에 들어왔다.

'계영배戒盈杯 – 가득 참을 경계하는 잔'

인생이라는 술잔에는 늘 욕심이 가득 차 있다. 욕심이 꿈이 되면 긍정적인 동력이 되기도 하지만 자칫 잘못하면 평생을 방황하게 하는 헛된 목표가 될 때도 있다. 인생의 욕심은 다 이룰 수 없다. 그래서 목표는 욕심의 7할만 달성하면 성공한 것이라고 하는지도 모른다.

계영배는 잔 밑에 구멍이 뚫려 있는데 물이나 술을 어느 정도 부어도 전혀 새나가지 않는다. 그러나 7할 이상을 채우면 밑구멍으로 쏟아져 내리고 만다. 사이펀의 원리인 수압차를 이용한 것이다. 잔 속에 관을 만들어 그 관의 높이보다 높게 채우면 관 속 술의 압력이 같아져서 흘러나오게 된다. 편리하게 사용하고 있는 수세식 변기도 그 원리를 이용한 것이라고 한다.

인생이 곧 전쟁이라는 말을 가끔 한다. 서로의 의견이 맞지 않거나 욕심이 충돌하면 말로 시작한 싸움이 몸을 사용하게 되고 급기야 대량 살상무기로 전쟁을 일으킨다.

투표도 일종의 전쟁이 아닐까. 수시로 변하는 여론의 선택 결과를 정치의 승패로 결정한다. 투표 결과 한 표라도 많은 쪽이 승리하니 좀 잔인한 게임이라는 생각도 든다. 더구나 지지율의 비율에 따라 승리한 쪽의 욕심에 정당성을 부여하고 있지 않은가.

인생 전쟁의 승리에도 종류가 있다. 51%의 승리를 신승이라고 한다. 어렵게 이겼기에 겸손할 수밖에 없고 더 잘하기 위해서 노력한다.

71%의 승리는 완승이라고 한다. 자기가 잘해서만 아니라 상대가 실수를 해야 가능하다. 대단한 승리이기에 겸손한 말과는 달리 내면에는 은근히 오만한 마음이 자리하고 있어 초심을 잊

기 쉽다.

그러니 인생이든 전쟁이든 지나고 나면 눈에 보이지만, 욕심이 눈을 가린 오늘은 인생 계영배의 교훈을 잊게 된다.

인간의 욕심은 삼키기에는 부족하고 뱉으려고 하면 아쉬움이 가득한 술잔과 같다는 생각이 든다. 누구나 잘못을 저지르지만 다른 사람에게 눈에 띄지 않으면 별문제 없이 넘어간다. 하지만 높은 자리로 올라가거나 선거, 공직 임용을 위한 청문회를 거치려면 혹독한 검증을 받아야 한다. 분수에 맞지 않은 욕심을 부렸던 사람은 계영배의 잔을 마시게 된다. 능력이 있고 기회가 주어져도 욕심의 잔이 한계를 넘었던 사람이 망신당하는 것을 자주 본다.

사람의 크기는 생각의 관점에 달려 있는데, 생각을 좌우하는 욕심의 그릇이 작을수록 인생이 자유로웠다. 지금 세상의 짐이 무거워 불편하면 욕심이 과한 것인지도 모른다.

이 나이에도 우습게 욕심을 길들이기가 쉽지 않다. 그래서 늘 인생 계영배를 생각한다.

3부
살며 생각하기

오늘이 좋다

낭떠러지에 떨어진 느낌이 들어 몸을 뒤척이다 눈을 떴다. 소파에서 거실 바닥으로 미끄러진 모양이다. 저녁밥을 먹고 TV를 보다가 졸았다. 시계를 보니 새벽 1시다. 그렇다면 잠깐 존 것이 아니라 한참 잠을 잔 모양이다. 요즘 들어 이런 버릇에 당황스럽긴 해도 쏠쏠한 재미를 느낄 때가 많다.

잠이 달아났는지 별별 생각이 떠오른다. 영화 채널을 찾아 리모컨을 돌린다. 내가 좋아하는 영화는 〈테이큰〉같은 액션인데 볼륨을 확 줄이고 TV 앞으로 다가앉았다. 누구도 간섭하지 않는 시간이라 마음껏 영화를 즐길 수 있다. 새벽에 두 시간 넘게 영화를 보고 나면 다음날 피곤한 것은 사실이지만 걱정할 정도는 아니다. 백수이기 때문이다. 그렇다고 아무 할 일이 없는 것은 아니다. 외손자 독감 예방접종이 9시에 예약되어 있다.

퇴임할 때, 겉으로는 시원하다 했지만 속마음은 아쉽고 허전하며 불안했다. 그런데 1년이 지나자 별일 없는 날들이 좋아지기 시작했고 이제는 오늘을 즐기고 있다.

이런 마음이 나만이 아닌 모양이다.

노년의 박완서 선생이 쓴 글에 나온 말이다.

"나이가 드니 마음 놓고 고무줄 바지를 입을 수 있는 것처럼 나 편한 대로 헐렁하게 살 수 있어서 좋고, 안 하고 싶은 것은 안 할 수 있어서 좋다. 다시 젊어지고 싶지 않다. 안 하고 싶은 것을 안 하고 싶다고 말할 수 있는 자유가 얼마나 좋은데 젊음과 바꾸겠는가. 살아오면서 못 볼꼴 충분히 봤다. 한 번 본 것 두 번 다시 보고 싶지 않다. 한 번이면 충분하다. 한 겹 두 겹 어떤 책임을 벗고 점점 가벼워지는 느낌을 음미하면서 살아가고 싶다. 소설도 써지면 쓰겠지만 안 써져도 그만이다."

요즘 나도 같은 생각이다. 눈부신 젊음이 잠시 부럽기도 하지만 누군가가 내게 다시 그 시절로 돌아가고 싶으냐고 묻는다면 "아니요."라고 대답하고 싶다. 이렇게 자유롭고 여유로운 삶이 얼마나 좋은데 젊음으로 돌아가, 앞이 안 보여 불안하고 안간힘을 다시 쏟고 싶지 않다. 젊음의 아쉬움은 자식에게, 내일의 아름다움은 손주를 위해 남겨두려 한다. 그들이 내가 살아온 날들처럼 행복하고, 지킬 것을 지키며 살았으면 좋겠다.

어제는 눈이 내리더니 오늘 아침 기온이 4도나 더 떨어졌다. 밖에는 찬바람이 분다. 모자, 장갑을 착용했고, 오리털 점퍼로 중무장한 옷 속을 찬바람이 파고든다. 지나다니는 사람이 한참 많을 때인데도 인적이 뜸하다. 유리창을 통해 들어오는 햇빛은 세상이 어떻든 간에 따뜻하고 찬란하게 보인다. 오늘이 참 좋다.

'나는 어디쯤 가고 있을까?'

가던 길 잠시 멈추고 뒤돌아보니, 걸어온 길을 모르듯이 가야 할 길도 잘 알 수 없다. 그리움의 순간들이나 매달리고 싶었던 욕망의 시간도 인생의 가을 문턱에 서고 보니 모두 놓치고 싶지 않은 추억이다.

이제는 어디로 흘러갈 것인지 걱정하지 않는다. 아쉬움도 미련도 그리움으로 간직하고 오늘의 거울 앞에 서 있다. 오늘도 어제처럼, 내일은 또 오늘처럼 살면 된다.

인생은 아무리 건강해도 세월은 못 당한다. 예쁘다며 흔들고 다녀도 70세 넘으면 봐 주는 사람이 많지 않고, 돈 많다 자랑해도 80세 넘으면 쓸 곳이 별로 없다. 건강할 때 먹고 싶은 것 먹어보고, 걸을 수 있을 때 열심히 다니며, 사랑할 수 있을 때 사랑해야 하는 것이 오늘이다.

사람이 영원히 살 수 없기에 더욱 치열하게 사는 것 같다. 먼 길을 혼자 걷다가 말동무를 만나면 마음에 의지가 된다. 내가 정한 선 안에 살면서도 선 밖에 있는 사람을 이해할 수 있으면, 오늘이 더욱 포근해진다.

멍 때리기

지인 P는 유별난 버릇이 있다. 그는 잘 나가는 회사의 중역이었다. 주중에는 일이 바빠서 안부 전화도 받을 수 없어 미안하다며 거하게 밥을 산 적도 서너 번이다. 그런데 주말에 전화해도 전화를 받지 않아 그의 아내에게 물어보았다.

"아이고, 말도 말아요. 또 그 이상한 낚시를 갔어요."

P는 낚시를 즐긴다. 그것도 혼자서. 특별한 일이 없는 주말이면 자주 간다. 돌아올 때 고기 망에는 어김없이 물고기가 한 마리도 없다. 애써 잡으려고 하지 않지만 어쩌다 잡힌 물고기도 다 놓아주고 온다. 다양하게 준비한 미끼를 정성스럽게 끼어 낚싯대를 던지기는 한다. 찌를 보는지 물만 바라보는지 모르겠지

만 그렇게 서너 시간 앉아 있다가 돌아온다. 언젠가 어떤 친구가 물어본 적이 있다.

"너는 낚시를 오래 했으면서 물고기를 한 마리도 못 잡았다고 하는데 사실이냐?"

"나는 물고기를 잡으러 낚시 가는 것이 아니라 물멍 하러 다닌다."

그때가 오래전 일인지라 물멍에 대해 아는 친구들이 없었다. P가 말한 물멍은 아무 생각 없이 오랫동안 물을 바라보고 있으면 머릿속이 하얗게 텅 빈단다. 그는 그 덕분에 복잡한 세상을 산다고 했다.

그러고 보니 비워야 할 것이 머리만은 아닌 모양이다. 며칠 전부터 컴퓨터의 작업 속도가 많이 느려졌다. 생활 패턴이 바뀌어서 인터넷으로 바둑을 두거나 웹 소설을 자주 본다. 컴퓨터 때문에 짜증이 난다는 나의 투덜거림을 전해들은 사위가 컴퓨터를 바꿔주겠다 했지만 극구 사양했다.

"먹는 것 빼고 꼭 필요하지 않는 것은 사고 싶지 않다. 절대는 아니고 가능하면."

"장인어른, 컴퓨터의 자료를 가끔 정리하거나 핸드폰의 전원을 껐다 켜야 기능이 좋아집니다."

사위가 컴퓨터를 포맷하고 자료를 정리했다. 잘 쓰지 않는 프로그램, 필요 없는 사진, 철 지난 자료들이 모두 삭제되었다. 컴퓨터 속도가 빨라지니 답답했던 마음이 시원해졌다.

바쁘고 치열한 현대인에게는 너무도 많은 정보와 미디어로 인해 뇌가 쉴 시간이 부족하다. 이런 사람에게 뇌에 가득 찬 불필요한 기억을 지우고 공간을 넓히는 멍 때리기가 필요하다고 한다.

최근 캠핑족이 늘어나면서 '불멍'이라는 표현을 많이 쓴다. 불멍이란 장작불의 움직임과 타닥타닥 하는 소리를 들으면서 멍 때리는 것을 의미하는 신조어다. 고요한 어둠 속에서 은은하면서도 강렬한 불의 움직임과 규칙적인 소리를 들으며 멍하니 장작불을 보고 있으면 힐링이 된다는 사람이 많다.

내가 알고 있는 멍 때리기도 여러 가지다. 가장 대표적인 게 비멍이다. 빗소리를 직접 듣는 것보다 창문이나 지붕 등을 통해 약간 퍼지는 듯한 소리를 들으며 주룩주룩 내리는 비를 바라보는 것이다.

또 기멍은 기차에서 창밖 경치를 보면서 규칙적으로 들리는 덜컹덜컹 소리를 듣고 있으면 십중팔구 자기만의 세상으로 빠져든다. 특히 풍경이 빠르게 지나가 시선을 한 곳에 집중할 수 없어 더 쉽게 기멍에 빠지게 된다.

책멍은 가장 난이도가 높은 멍 때림 방법이다. 클래식 음악을 약하게 틀어 놓고 책에 집중한다기보다는 책을 읽다가 잠시 여백을 보며 생각에 잠기는 방법이다. 하지만 보통 이런 경우 잠이 들기 때문에 난이도가 최상이라고 한다.

사람은 생각하는 동물이라고 하지만 현대인은 너무 많은 생각을 하며 산다. 젊어서는 땀을 적게 흘리고 앉아서 일하는 직업이 좋다고 생각했다. 이제는 머리 쓰는 일보다 몸을 움직이는 일이 더 좋다. 생각을 많이 하면 머리가 아프고 쉽게 피곤해진다. 많이 걷고 땀을 흘리고 나면 몸이 개운하고 잠도 잘 잔다. 채우는 것보다 비우면 편안해지는 것 같다.

내가 좋아하는 멍 때리기는 P와는 조금 다른 물멍이다. 여유 있는 시간이 있으면 분수대 근처 벤치에 혼자 앉는다. 오르락내리락하는 물줄기를 한참 바라보고 있으면 머리가 개운해져 힐링이 된다. 속상한 일, 해결되지 않은 문제, 걱정거리, 복잡한 세상사가 희미해진다.

그렇다고 너무 자주 멍 때리기를 할 수 없다. 효과가 높은 약일수록 남용하면 후유증이 심하다. 적당히 땀 흘리며 생각하고 고민하는 삶이 인생이기 때문이다. 그래도 멍 때리고 난 후의 느낌이 너무 좋다. 중독될까 걱정이지만.

본전 생각

요즘 본전 생각을 말하는 사람이 많다. 귀 기울여 들어보니 안타까워 가슴이 아려온다. 본전 생각은 어떤 일을 할 때 본밑천으로 들인 돈에 대한 생각이다.

S는 퇴직하고 재취업하기 위해 1년 동안 아는 사람을 찾아다니고, 이곳저곳에 원서를 내보았지만 허탈감만 키웠다. 어쩔 수 없이 퇴직금으로 2년 전에 커피숍을 열었다. 편하게 시작할 수 있는 체인점인 덕분에 출발은 순조로웠다. 가까운 곳에 커피숍이 들어설 때마다 가슴이 덜컥거리더니, 이제는 코로나19로 본전 생각을 하고 있단다.

본전 생각이라면 골드미스 H도 빼놓을 수 없다. 서울시 공무원에 예쁘고 날씬하여 많은 사람이 부러워하였다. 20대 후반에는 직장 일이 바쁘기도 했고 믿음이 좋은 사람이어야 한다는 조건을 달았다. 몇 번의 만남이 있었지만 잘 되지 않았다. 여자의 결혼 적령기라는 서른 초반에 부모님의 안달로 손가락이 부족할 만큼 여러 번 소개팅을 했다. 하지만 뭔가 한두 가지씩 마음에 차지 않아 고개를 자주 저었다. 그런데 정신 차려보니 대부분의 친구들이 결혼했고, 자기 나이가 벌써 마흔을 넘었다. 이제는 소개해 주려는 사람도 없다며 본전 생각이 많이 난단다.

이런 생각이 어찌 그녀뿐이겠는가! 아무리 비혼이 대세라지만 결혼에 대해 본전 생각을 하는 젊은이들이 주변에 많다. 시련은 시간이 가면 끝이 나겠지만 결혼에 대한 본전 생각은 세월이 흐를수록 그 무게가 무거워지니 답답하다.

본전 생각은 '물 반, 고기 반'이라는 말끝에 늘 회자된다. 낚시꾼이 아니어도 '물 반, 고기 반'이라는 말을 좋아하는 사람이 많다. 그만큼 성공할 확률이 높기 때문이다. 누군가의 입을 통해 나온 말이 SNS를 거치고, 제법 신뢰할 만한 언론에서 거론되면 '물 반, 고기 반'은 소문의 경지를 벗어난다.

88올림픽이 열렸던 때였다. 올림픽 붐을 타고 자고 일어나면 주가가 폭등했다. 돈 버는 능력이라고는 월급밖에 모르는 우리 집도 '물 반, 고기 반' 소문에 아내가 발 벗고 나섰다. 모아 놓은 재산도 없고 소심한 성격 탓에 주식 투자는 엄두도 못 내고 공모주에 발품을 팔았다.

그런데 친구 S의 소문에 우리 부부 사이가 차가워졌다. 사는 형편이 우리와 별반 다를 것 없는 S가 은행 대출을 받아 주식에 투자하여 떼돈을 벌었다는 것이다. 우리도 공모주 덕분에 살림에 조금 보탬이 되기는 했다. 아내가 S의 소문을 말할 때마다 소심한 내 성격을 탓하는 것 같아서 한동안 냉전이 깊었다.

세상에 내가 원하는 '물 반, 고기 반'이라는 곳은 없었다. 소문난 곳에 뒤늦게 가보면 벌써 많은 사람이 거쳐 갔다. 고기는 고사하고 흐려진 물과 조금이라도 더 건져보려는 사람들이 파헤친 뒤 버리고 간 쓰레기만 넘쳐났다. 세상이 발달하여 차고 넘치는 것이 정보다. 인터넷을 뒤적이면 궁금한 것이 거의 해결된다. 그 많은 정보 속에서 올바른 정보를 가려내기란 쉽지 않다.

떼돈을 번 S의 이야기는 끝나지 않았다. '물 들어올 때 노 저어라'라는 말을 너무 과신하여 다니던 직장에 사표까지 냈다. 퇴직금을 몽땅 주식에 넣었다. 부러울 정도로 투자에 성공하여 나도 몇 번이나 거한 밥을 얻어먹었다.

우연히 길에서 S를 만났다. 옷차림이 초라해 보였다.

"요즈음도 주식을 하고 있어?"

"주식에서 손을 뗀지는 오래되었고 연금이 없어 알바를 하고 있다네."

자꾸 본전 생각이 난다는 S의 말에 자세한 내용을 물어보지 못하고 내가 밥값을 냈다.

도박에 입문하거나 주식에 빠질 때 '본전 생각'이 나면 조심하라는 말이 있다. 한 번만 더 하면 본전을 찾을 것 같으면 중독에 빠진 것이다. 내 것을 다 잃고, 남의 것까지 끌어와서 다 잃으면 남는 것은 목숨 하나 남게 된다. 어쩌면 "때가 이미 늦었다." 라는 말이 맞는지도 모른다. 결국은 본전 생각으로 목숨을 버리는 막다른 골목까지도 갈 수 있다.

내 인생에 대해 본전 생각을 더욱 자주 하게 된다. 3년을 기다려 겨우 발령을 받은 직장이었지만 당시는 경기가 좋아서 일반 기업체에 근무하는 친구들에게 기죽어 살았다. S, H, L 같은 대기업이 아니어도 옮겨갈 만한 곳은 있었다. 그러나 방 한 칸 전세 들 수 있는 밑천도 없는 탓에 숨죽이며 살았던 것이 한 번의 본전 생각을 피해갔다.

늦게 시작한 승진을 위해 강화도에서 4년 살았던 일도 잘못했으면 본전 생각을 할 뻔했다. 내가 교감으로 승진한 이후에 승진 규정이 바뀌었기 때문이다.

하지만 본전 생각을 할 수밖에 없는 것이 있다. 주신 은혜에 감사해서 전도를 위한 기도를 계속하고 있지만 아직 열매가 없다. 가장 오래된 기도제목이 된 O와 J 부부, 친구 K, P, O 등이 본전 생각을 많이 하게 한다. 다행히 새로 가족이 된 사위와 며느리가 아직은 아쉬움이 있지만 본전을 넘어 조금씩 이익을 남겨 가고 있다.

컴퓨터 앞에 오래 앉아 있어 무릎이 아프고 핸드폰을 너무 오래 들여다봐서 백내장이 생기면 본전생각을 하게 될는지 모른다. 아프기 전에 마스크와 선글라스를 쓰고 만보 걷기 산책을 나가야겠다.

오늘도 본전 생각을 할 것 같은 사람들의 소식이 들릴까봐 TV 켜기가 겁난다.

세상 읽어보기

내가 운전을 시작한지 30여 년이 되었다. 마냥 마음이 설레던 초보 운전 때는 무서운 것이 별로 없었다. 원하는 대로 핸들을 돌리면 생각하는 방향으로 차가 가고, 가속 페달을 밟아 빠르기를 조절할 수 있었다. 어느 곳이나 갈 수 있었기에 쉬는 날이면 자주 차를 가지고 밖으로 나갔다.

가능하다고 다 유익한 것은 아니었다. 빙판길에서 브레이크와 가속 페달을 혼동하여 길 밖으로 튕겨나간 것이 시작이었다. 모든 것이 가능했기에 결과도 내가 책임져야했다. 어느 5월에는 올림픽대로를 운전 중 잠시 졸아서 중앙분리대와 부딪혔다. 왼쪽 앞 뒤 바퀴, 범퍼, 문짝 두 개를 박살내는 큰 사고였다. 운전이 익숙해지면 괜찮지 않을까 했는데 정말 믿을 수 없는 일이 일어났다. 그뿐이었으면 좋았을 텐데…

살다보면 아쉬움은 있지만 선택해야 할 때가 많다. 너무 열심히 살려다 저지른 잘못도 동정은 하지만 그 죄를 용서받지 못한다.

웃는 모습에 끌려 덜컥 허용한 친절 때문에 한두 번 낭패를 당한 게 아니다. 어제 일이다. 그럴 듯하게 포장된 쇼핑백을 들이대며 잠깐 시간을 내달라고 사정을 해서 따라 들어갔다. 아파트 분양에 대한 친절한(?) 설명이 20분이 넘고, 돈이 되는 정보를 주겠다는 강요에 어쩔 수 없이 연락처까지 적어주고 나왔다. 급한 일은 없지만 갈 곳은 많다. 내용을 잘 알지 못하는 친절은 만만해 보이지만 이제는 멀리서 바라보기로 했다.

아침단상을 쉰 날이 하루, 이틀은 부담이 되지만, 한 주일이라도 넘기면 오히려 마음이 편해진다. 잘못된 길도 익숙해지면 옳은 것처럼 느낀다.

아침에 일어나면 나름 정해진 일정이 바쁘다. 저마다 삶의 형편에 따라 살아가는 방식도 다르다. 그래서 핸들을 돌리는 운전자처럼 인생의 길이 천차만별이다. 가끔 자신의 삶만이 옳은 것처럼 말하는 조언이 부담스러울 때가 있다. 공감은 가지만 따라

하지 못하는 내 처지가 변명을 만들고 있다.

잘못 선택한 독 묻은 부메랑은 나도 모르는 사이에 다시 돌아온다. 우연일 것 같은 오늘의 선택이 지나고 나면 후회하는 결과로 살고 싶지는 않다. 아직 남은 삶에 남다른 의미와 설렘이 있다. 평범하게 사는 것이 좋다고는 하지만 묘비에 남길만한 뚜렷한 족적 하나는 남기고 싶다. 하지만 누구나 긴 세월을 지내고 보면 다 그렇게 비슷비슷하게 엮어진 추억을 가지고 산다. 아직은 사라진 세월로 가슴이 저릴 때가 아니다. 가끔 전해온 아침단상의 댓글에 세월의 흔적이 묻어 있다. 자세한 사연은 알 길이 없지만 할 수만 있다면 나도 저 대열에 끼고 싶은 충동을 참고 있는 듯하다. 모두가 가난한 곳에서는 아무도 가난하지 않다. 그래서 아픔, 눈물, 꿈, 소망이 있는 사람은 그들끼리 모인다. 그곳에서는 공유한 감정만이 선이기 때문에 다른 것은 말하지 않는다. 사회적 거리를 유지하되 마음의 거리를 두지 않았으면 좋겠다.

글은 짧지만 가슴으로 전해오는 느낌은 충분히 길다. 자신의 일을 재미없어 하는 사람치고 성공하는 사람을 못 보았다. 선택은 필수이나 정답과 오답은 있고 그것은 내 생각으로 결정된다. 요즈음 우리의 선택이 이성이 아니라 감정에 의해 결정되고 있는 것 같다. 모든 것이 가능하나, 모든 것이 유익한 것이 아니다.

도둑놈 셋이 무덤을 도굴해 많은 황금을 훔쳤다. 축배를 들고 공평하게 나누자며 한 놈이 술을 사러 갔다. 그는 오면서 술에 독을 탔다. 혼자 다 차지할 속셈이었다. 그가 도착하자 두 놈이 다짜고짜 벌떡 일어나 그를 죽였다. 그새 둘이 황금을 나눠 갖기로 모의를 했었다. 둘은 기뻐서 독이 든 술을 죽은 놈을 조롱하며 마시고 죽었다. 황금은 지나가던 사람의 차지가 되었다. 결국 황금을 나누어 갖지는 못했지만 모두 공평하게 죽었다.

지인의 20대 아들이, 어머니와 말다툼을 하게 되었고 언성이 커지며 소리를 질러댔다. 어머니는 무척이나 슬퍼하였다. 그런 일이 있은 후 며칠 뒤 아들은 아버지와 둘이서 함께 차를 타고 가는 중이었다.

아버지가 아들에게, 나직한 음성으로 이렇게 물었다.

“넌 나중에, 네 애인이 있는데, 어떤 남자가 네 애인을 울리면 어떻게 하겠니?”

“그런 놈을 그냥 둬요? 팍~ 뒤지게 패줘야지요!”

그러자, 아버지가 “네 엄마 울리지 마라. 내가 가장 사랑하는 여인이거든.”

아들은 아무런 대답도 할 수가 없었다.

머리 좀 있고 세상을 좀 안다는 사람들이 잊고 사는 것이 있다. 어떤 계획을 세우거나 행동을 할 때 자기만 알며 자기 뜻대로 움직일 것이라고 착각한다.

애초부터 황금을 도굴한 일은 잘못된 것이었고, 황금을 본 뒤로 세 명 다 눈이 뒤집혔다. 돈이나 권력을 잡고 나면 보이는 것이 없어지게 되는 것이 사람의 특성이다.

내 생각만이 옳고, 남이 한 것은 모두 어리석게 보일 뿐이다. 그래서 욕심의 탑을 쌓기 위해, 마음 맞는 자들이 작당을 하게 된다. 불행하게도 그 끝은 술병에 독이 든 것을 모르고 마시는 도둑의 꼴이 되고 만다.

까닭 없이 큰돈이 생기면 경계를 해야 하고, 갑자기 권세의 자리가 주어지면 나에게 합당한 것인가 자신을 뒤돌아 볼 수 있어야 한다.

평생을 가르치며 살았다. 말로 가르치기는 쉬웠지만 본을 보이기는 어려웠다. 요즘은 지난 일을 되돌아 볼 때가 많다. 나의 제자나 자식들을 보면서 안타까운 마음이 들 때마다 내 자신이 부끄럽다. 목적이 너무 급해서 기다림이나 현명함이 부족했던 모양이다.

지인을 보며 이제는 알 것 같다. 그가 얼마나 아내를 사랑하며 가족을 아끼는 줄을. 참 멋진 아버지다. 큰 소리 내지 않아도, 야무지게 꾸짖지 않아도 이렇게 멋지게 자식을 훈육 할 수 있는 아버지의 지혜가 부럽다.

사랑이나 교육, 정치도 가장 가까운 사람부터 시작해야 한다. 그것이 옳은지 그른지는 내가 다 판단할 수는 없다. 그래서 누군가 세상을 해석하고 읽어주는 말을 가끔 들을 필요가 있는 것 같다.

동치미를 먹으며

서양에는 "토마토가 빨갛게 익을 무렵이면 의사 얼굴이 파랗게 변한다."라는 말이 있다. 그 말은 토마토를 많이 먹으면 의사가 필요 없을 만큼 건강이 좋아진다는 뜻이다. 동양에도 그 말과 비슷한 속설이 있다. "늦가을 시장에 무가 나올 때쯤 되면 한의원이 문을 닫는다."라고 한다.

닥쳐올 불황을 걱정하며 의사 얼굴이 파랗게 변하는 것보다 한의원 문을 닫는다는 말은 무가 토마토보다 건강에 더 좋다는 뜻일 거라는 성급한 판단을 한다. 어쨌든 우리 조상들은 겨울철에 무를 동치미로 담가 먹었다.

동치미는 겨울에 먹는 김치라는 뜻이다. 물이 많은 작은 무를 골라서 껍질을 그대로 둔 채 깨끗하게 씻는다. 소금과 함께 물을 부어 항아리에 넣어두면 청량음료처럼 톡 쏘는 동치미가 된다. 동치미는 그 자체가 소화제라 할 수 있다. 무에 들어 있는 디아스타제 효소, 무기질, 유기산, 비타민 등이 소금에 녹아 천연 이온 음료 역할을 한다. 요즘은 계절에 관계없이 동치미를 냉면에 말아먹지만 살얼음 동동 띄워 겨울에 먹는 동치미 맛은 더 일품이다.

TV 프로그램 중에 '속풀이쇼 동치미'가 있다. 답답한 시청자의 속을 시원하게 풀어주겠다는 토크쇼다. 삶의 현장에서 부딪히는 여러 가지 이야기를 주제로 남녀 패널들이 체험과 의견을 시원하게 말한다. 때로는 이제까지 말 못 했던 사연을 눈물 쏟으며 고백하는 까닭에 시청자의 공감을 얻은 장수 프로그램 중의 하나이다.

인생의 답답한 사연이 다 같을 수는 없다. 같은 주제에 대한 생각이 찬성과 반대로 나뉘지만 그에 대한 근거를 자기 이야기로 풀어가는 까닭에 시청자는 자기와 다른 의견일지라도 고개를 끄덕이게 된다.

동치미가 그렇다. 사람의 체질이 다르고 건강 상태가 시시때때로 변하지만 소화를 돕고 속에 쌓인 열을 분산시킨다. 여름에는 피부의 열을 식히고 겨울에는 가슴속에 뭉쳐 있는 열을 풀어 준다.

우리 어머니는 동치미와 함께 백김치를 잘 담그셨다. 동치미와 백김치는 주재료만 다르지 담그는 방법은 비슷했던 것 같다. 쪽파, 양파, 생강, 마늘, 청각을 망에 담아 항아리 속에 넣어두면 무나 배추, 속 재료가 소금물에 잘 우러난다.

사람의 맛은 인격으로 알 수 있다. 인격은 인간의 자격으로 지적이며 도덕적인 품격을 말한다. 사람에 따라 성격이나 모습, 말과 행동은 다양하다. 성격이 급하거나 키가 작다고, 말이 서투르다고, 인격이 나쁜 것이 아니다. 동치미 속에 들어가는 무나 배추가 속 재료인 마늘, 파, 생강, 배, 청각 등과 함께 소금물과 어울려 숙성이 되듯 인격도 마찬가지다. 자기가 가지고 있는 여러 특성을 지적이며 도덕적인 생각으로 잘 숙성시키면 시원하고 감칠맛 나는 인격이 형성된다.

내가 고등학교 다닐 적에 친구와 자취를 했다. 그때는 연탄으로 난방을 하던 시절이었다. 자다가 일어나 연탄을 갈아 넣지 않으면 불이 꺼져 아침밥을 굶어야 했다. 문제는 밥이 아니라 방에 연탄가스가 곧잘 스며들어 중독되는 일이 다반사였다.

심각한 경우는 죽기도 하고 119에 실려 가기도 했다. 나도 그런 일을 겪었다. 아침에 일어나자 어지러워 넘어졌는데 속이 메스꺼워 토하려고 했다. 겨우 방문 열고 "사람 살려!" 소리쳤더니 옆방에서 손자와 함께 살던 할머니가 달려오셨다.

"연탄가스 마셨구나. 이걸 마시면 곧 좋아진다."라고 하시며 동치미 국물을 한 그릇 마시게 했다. 오전 내내 누워 있다가 친구는 다 나았다며 학교에 갔다. 나도 사실 멀쩡해졌지만 기왕에 결석한다고 말했기에 계속 아픈 척하며 집에서 쉬었다.

과학적 근거를 들어 말하기는 어렵지만 분명 연탄가스 중독에 동치미가 효과가 있었다. 나뿐만 아니라 그 집에 살았던 여러 사람이 산증인이다. 단지 증언해 줄 사람이 지금 어디에 있는지 모른다는 사실이 안타깝다.

나는 동치미를 잘 담그는 사람이나 동치미 맛을 즐기는 사람이 좋다. 어쩌다 그런 사람을 만나면 나도 모르게 말을 건네고 차라도 한 잔 마시고 싶어진다. 동치미같이 시원한 인격의 맛을 기대하면서.

안 씨네 경사

지인 안 씨네 집에 여자 한 명이 늘었다. 남자 셋에 여자 한 명이기에 안 씨가 그동안 온갖 혜택을 독점해왔다. 우리나라 전통적인 관습인 주방의 책임마저 남편에게 슬그머니 넘기고 살았다. 남편이 군말 없이 앞치마를 두른 까닭은 어린 두 자식의 양육을 핑계 대며 안씨가 죽는소리를 했기 때문이다. 어린 자식이 다 큰 뒤에도 계속 주방에 머물러야 하는 까닭에 대해서는 어느 밤의 사건에 대해 말하는 사람이 있지만 확실하지는 않다.

어쨌든 이제는 안 씨네 역할 구도가 조금 바뀔 것 같다. 쿨한 안 씨의 집안 분위기가 새로 들어온 며느리 덕분에 봄바람이 불 모양이다. 그러나 안 씨에게는 가을바람이 될지도 모른다. 가진 것을 잃게 되면 당연히 서운한 감정이 먼저 생긴다. 더구나 이제껏 자기 소유라 생각했던 큰아들을 며느리에게 등기 이전해 주어야 한다. 그들이 신혼여행을 마치고 돌아오면 정신을 바짝 차리지 않으면 안 된다. 딸 같은 며느리는 없다. 아무리 며느리가 사랑스러워도 딸처럼 허물없이 대하기는 어렵다. 딸이 없었으니 딸이 뭔지도 모르기는 하다. 그래도 남편을 주방에 그대로 두기는 거시기(?) 하다. 혹시 며느리가 주방에서 일하는 시아버지 모습을 보고 이 집 전통이라 생각하여 아들에게 같은 요구를 하면 안 씨는 속이 상할 것 같다. 자기에게 익숙한 남편은 괜찮지만 아들은 좀 곤란하다는 마음이 들지도 모른다. 그렇지 않아도 아버지를 닮은 아들이 결혼 전부터 며느리에게 굽실거리는 모습이 불편함을 넘어 걱정이 되기도 했단다.

안 씨에게 말해주고 싶다. 그냥 소문이 아니라 실제로 겪고 있는 선배 K와 N의 이야기를.

K는 아들만 셋인데 지난해 11월 초에 늦게나마 큰아들을 결혼시켰다. 무척 기다렸던 경사였는데 코로나19 신규 확진자가 2천 명을 넘어서서 들뜬 기분에 초를 쳤다. 초대했던 하객들의 수를 제한 당했고 해외로 신혼여행도 가지 못했다. 기다린 김에 조금 더 미루면 어떨까 고민했는데 지금 와서 생각하니 큰일 날

뻔했단다.

K는 아들이 결혼하면 더 이상 걱정거리가 없을 줄 알았다. 요즘 들어 손자 욕심이 나지만 말도 꺼내지 못하고 며느리 눈치를 보고 있단다. 이번 설 명절에 아들 내외가 집에 와서 이틀 밤이나 자고 갔다. 처음으로 함께 한 명절이어서 잘해 주려고 하니 신경이 많이 쓰였다. 서둘러 친정에 가라며 재촉해서 보내고 하루 종일 힘들어서 누워 있었다. 당연하다고 생각했던 좋은 일도 대가를 지불하지 않으면 안 된다는 말이 실감 났다.

N도 아들만 둘인데 큰아들이 작년 10월에 결혼했다. 올해를 넘기면 안 된다고 몇 번 말해도 알았다고만 하더니 고맙게도 아들이 약속을 지켰다. N도 설 명절을 지내면서 고민했다. 아들과 며느리에게 세뱃돈을 얼마나 주어야 할까? 이 사람 저 사람에게 물어보아도 정답은 없었다. 형편대로 적당히 주었는데 며느리에게 받은 용돈이 더 많아서 남는 장사가 되었다고 입 꼬리가 올라갔다.

안 씨네는 아들과 며느리가 둘 다 의사인 까닭에 돈 걱정은 안 할 것 같다. 단지 자식들 일이 바빠서 손자를 빨리 보고 싶어도 한참 기다려야 할지 모른다.

무슨 일이든 하나에서 열까지 모두 다 좋은 것은 아니다. 한두 가지 불편한 것은 누구에게나 있다. 안 씨가 손자를 돌보려면 잘나가는 직장을 접어야 한다. 그게 어렵다면 사돈네에게 더 많이 고개를 숙여야 한다. 사돈도 바쁜 것 같지만 '시'자 없는 부모이니 며느리가 더 좋아할 것 같다.

나는 어떻게 맞벌이하며 자식 둘을 키웠는지 모르겠다. 나이가 들어가면서 세상이 자주 바뀐다. 어려서 내 삶은 부모님 세상으로 모든 것을 부모님이 보살펴주셨다. 학교를 졸업하고 직업을 가지면서 부모님으로부터 독립하여 내 세상이 되었다. 꿈에 그리던 내 세상이었지만 자유가 책임이라는 짐으로 다가오기도 했다. 그 자유 세상은 길지 않았다. 결혼하면서 사랑이라는 이름으로 아내의 세상이 되었다. 집 안에서나 밖에 나가서나 가장이라는 무게를 가슴으로 느끼고 살았다. 그 세상은 자식이 자라서 결혼할 때까지 긴 세월이었다. 이제는 다시 내 세상이 오나보다 생각했는데 손자가 태어나니 애증의 손자 세상이 되었다. 손자의 기분에 따라 내 세상이 변한다.

안 씨가 이런 이야기가 귀에 들어오기나 할까? K와 N도 전에는 며느리를 딸처럼 생각하니 아무 걱정할 것이 없다고 큰소리 뻥뻥 쳤었다. 무언가를 소유하고 지키려면 대가를 지불해야 하는 것이 세상 법칙이다. 안 씨도 이제는 마음을 더 비우고 지갑도 자주 열어야 한다.

안 씨는 인생의 전환점에 서 있다. 전환점은 인생을 사는 동안 수시로 온다. 그걸 잘 알지 못하거나 현명한 선택을 하지 못하는 사람이 많다. 버려야 보이고 받아들일 마음이 있어야 바른 길을 선택할 수 있다. 마음에 욕심이 있으면 욕심이 기준이 되어 보이는 것은 한쪽으로 치우치게 된다. 사람의 삶은 이타적이기보다는 이기적인 경우가 더 많다. 요즈음 '소소행'을 추구한다는 사람도 어쩌면 이기심을 미화한 삶의 변명인지도 모른다.

안 씨의 경사는 아직 끝나지 않았다. 자식이 결혼하면서 손자 탄생의 경사를 기다리고 있다. 더구나 막내의 결혼이 남아 있다. 그 경사의 주역은 이젠 안 씨가 아니다. 자식이 스스로 결정하고 노력해야 한다. 그래서 지켜보고 기다리는 안 씨가 힘들 수도 있다. 경사는 부모의 기쁨이지만 기다리는 사랑이 늘 필요하다.

어쩌다 왕이 되어

어제 저녁에 조선왕조실록을 읽다가 잠이 들었다. 아내가 깨우는 소리에 눈을 뜨니 밖이 아직 캄캄하다. 그런데 장소가 낯설다.

'호텔인가? 아니, TV에서 보던 왕실 같은데 ...'

세상에나! 내가 왕이 된 모양이다. 가만히 있는데도 세수는 물론 밥 먹는 것이나 옷 갈아입는 일을 궁녀가 다 도와준다. 기분이 너무 좋다.

이제 무엇을 할까? 생각하고 있는데 내시가 조회를 한단다. 조금 쉬려고 했더니 오전 업무를 해야 한단다.

팔도에서 올라온 공문서를 결재하고 상소문, 탄원서에 답을 내렸다.

오전 내내 무거운 왕관을 쓰고 거추장스러운 옷을 입고 계속 앉아 있었더니 목, 허리가 아프고 눈이 침침해졌다. 왕이 좋은 줄 알았더니 그게 아니다.

점심시간이다. 반찬 가지 수가 많아 한 번씩만 먹어도 다 먹을 수가 없다. 더구나 아무리 맛있어도 같은 것을 두 번은 먹지 말라고 한다. 어떤 음식을 자주 먹으면 그것에 독을 탈 수도 있단다. 그만큼 왕의 자리를 탐내는 사람이 많아서 신변을 조심해야 한단다.

하기야 왕이 되기 위해 흘린 피가 많았으니 원한이 맺힌 사람이 어디 한둘이겠는가. 왕 앞에서는 고개 숙이고 "예! 예!" 대답을 잘하지만 그들의 속마음을 어찌 알 수 있겠는가. 사람 사는 세상에는 정치판이 가장 살벌하여 영원한 적도 동지도 없으니 누구도 믿지 말라는 말에 실감이 난다.

점심 식사를 하고 나니 경연이 기다리고 있다. 경연은 유학 경전이나 역사책을 공부한다. 지켜야 할 것, 따라서 해야 할 것이 끝이 없다. 왕도 공부해야 한다니 공부가 없는 세상은 없는 모양이다. 어디 공부뿐이겠는가. 여론이나 지지자들의 요구, 반대자들의 독설에도 적당히 응수해야 하니 신경 쓰고 처신하는 것이 쉽지 않다.

팔도에서 올라온 관찰사나 지방 수령들을 만나 업무 보고를 들었다. 요구 사항이 많았다. 더러는 깜도 되지 않은 것 같은 벼슬아치도 있었다. 내시의 말을 빌리면 그들은 누구누구의 줄을 잡고 있어 건드리면 안 된단다. 왕도 자기 마음대로 못하는 속사정이 있는 모양이다. 권력을 물려주기 싫어서 세자를 정하지 않았는데, 내 나이가 많다고, 여러 왕자에게 줄을 대고 있다는 소문이다. 신하들이 아무리 설쳐도 다음 자리는 내가 정한다. 요즘 하는 짓거리가 가관이다. 슬슬 왕을 물 먹이는 행동이 눈에 보인다. 욱해서 싹 갈아치우려 했더니 "퇴임하고 잘 살려면 모른 척하세요." 한다. 어쩔 것인가. 남은 세월이 길어 모른 척할 수밖에.

잠자리에 들기 전에 대비와 왕대비, 왕실 어른들에게 문안을 드리러 갔다. 궁 안에서도 가마를 타고 다니니 다리 아플 이유는 없지만 온몸이 찌뿌듯하다. 운동 부족이다. 겨우 밤 10시가 넘어서야 나만의 자유시간이 생겼다. 젊었을 때는 할 일이 많았지만 이제는 그런 것도 시들하다. 이것저것 생각하다 보니, 벌써 12시다.

어쩌다 왕이 되어 하루를 살아보니 여기 세상도 만만찮다. 왕자로 태어나야 하고 세자가 되기 위해 얼마나 노심초사했던가. 세자라고 안심하고 있다가 한순간에 낙동강 오리알 신세가 될 뻔 했다.

믿어달라고 하는 사람치고 믿을 사람은 없었다. 여론도 종잡을 수 없어서 안심하다가는 뒤통수 깨지기 십상이다. 그래도 지금까지 내가 해 온 것이 제일 잘하는 것 같다. 좋은 일에는 먼저 나서서 잘난 체하고, 곤란한 일은 신하들에게 미루면 된다. 반대하고 욕하는 사람들도 떠들다가 입 아프면 조용해진다.

그건 그렇고, 이제 살던 세상으로 다시 가봐야 할 텐데, 아직도 코로나19가 끝나지 않은 것 같아 걱정이다. 이것이, 저것이 옳다는 말들은 많이 하지만 한 해를 또 힘들게 보낼 것 같아 걱정이다.

뜸 들이기

"아이고, 밥이 설익었다."

외손자가 배고프다고 재촉하는 바람에 급하게 밥솥을 열었다. 할아버지 집에서 늘 얻어먹는 녀석이 밥통에 있는 밥보다 금방 지은 밥을 좋아한다. 이런 외손자를 위해서 가능하면 그때그때 밥을 새로 지어 먹인다.

압력 밥솥은 참 편리하다. 물을 적당히 맞추고 불을 켜놓으면 딸랑딸랑하며 밥이 되었다고 알려준다. 그렇다고 바로 밥을 퍼서 먹으면 안 된다. 김이 빠져야 뜸이 든다. 뜸을 들인다는 것은 음식을 속속들이 익게 하거나 일 따위가 적절히 이루어질 수 있는 상태로 무르익게 하는 것을 말한다. 뜸을 들이려면 기다리는 시간이 필요하다.

어머니는 내가 어렸을 때 까만 무쇠솥에 밥을 지었다. 쌀보다 보리쌀을 많이 넣고 손등이 잠길 정도로 물을 붓는다. 보리쌀은 잘 물러지지 않은 까닭에 미리 삶아서 바구니에 담아 두었다.

'철나무'라 불리는 땔감을 아궁이에 가득 넣으면 솥에서 눈물 같은 밥물이 흘러나왔다. 어머니는 부지깽이로 불꽃이 핀 숯덩이를 끄집어내어 석쇠를 올려놓고 생선을 구웠다. 생선이 익으면, 그때서야 솥을 열고 밥을 펐다. 보리밥인데도 쌀과 보리쌀이 잘 어울려 맛이 있었다. 생각해 보니 밥솥의 밥물이 넘친 후에 잔불을 꺼내고 생선이 익을 동안 기다리는 것이 어머니의 뜸 들이는 지혜였던 것 같다.

나는 그런 어머니의 자식인데도 인생 뜸 들이기가 서투르고 힘들다. 내 인생 매듭의 하나였던 교장 공모제의 실패도 뜸 들이기를 잘못했던 결과라고 생각한다. 공모제 면접시험 때 정해진 시간에 쫓겨 정답만을 말했다. 면접관도 사람인데 감성이 빠진 정답이 얼마나 그들을 설득했을까? 표정은 딱딱하고 목소리에 윤기가 없었다는, 지켜본 사람들의 후일담에 상처가 컸다.

뜸을 들이는 것은 기다리는 일이다. 삶은 기다림의 연속이었다. 단지 그 기다림의 색깔이 서로 다를 뿐이다. 지금 이 순간에도 무엇인가를 기다린다. 아마도 다가올 시간을 기다리는 것 같다. 사랑해서 기다리지만 때로는 기다림의 시간만큼 사랑이 더 짙어지기도 했다. 기다림의 시간은 잃어버린 시간이 아니다. 가장 깊이 내게로 오는 시간이다. 힘든 시간을 견디어내며 사랑을 기다리는 일. 살아가야 하는 많은 날의 주인인 나는 또 어떤 기다림으로 오늘을 견디며 살아야 할까.

노란 신호등 앞에서 3초를 멈추고 기다리는 것은 상대방에 대한 양보와 배려이다. 때로는 배려와 양보가 삶의 존재를 결정하기도 한다.

낙엽은 가을바람을 원망하지 않는다. 봄을 기다릴 수 있는 믿음이 있기에 가지를 떠날 수 있다. 세상은 옛 모습 그대로이지만 오늘 나는 그때의 내가 아니다. 흔히들 시간이 있으면 돈이 없고, 돈이 있으면 시간이 없다고 불평한다. 대개 돈도 있고 시간도 있는 경우에는 건강이 허락지 않는다. 기다리던 내일이 오더라도 또다시 과거에 연연하며 살 것 같은 생각이다.

욕심도 많이 내려놓았는데, 며칠 전 또 하나의 어설픈 뜸 들이기를 했다. 눈만 뜨면 쏟아지는 정치 이야기에 진저리를 친다. 정치에서 벗어날 수는 없지만 눈살을 찌푸리게 하는 지나친

편 가르기가 늘 불편했다. 오랫동안 함께한 고향 지인들의 단체 카톡방이 있다. 지나친 정치 이야기는 하지 않는 것이 좋다는 의견이 있었는데 몇 분이 또 선을 넘었다. 조금만 뜸 들이고 기다리면 되련만 성급한 마음에 단톡방을 빠져나왔다. 누가 옳고 그름을 따지자는 것이 아니었다. 이 나이, 이런 일에 아직도 뜸 들이기가 서투르다. 그럴 때마다 기다리며 뜸을 들이던 어머니가 더욱 생각난다.

리터치

살다 보니 별일도 많다. 눈썹에 문신을 했다. 몇 번이나 거절했지만 외손자를 위해서 예쁘고 건강하게 오래 살아야 한다는 딸의 강요가 집요했다. 결국 결혼기념일 선물을 핑계로 부부가 함께 거사(?)를 단행하기로 마음먹었다.

남자도 여자처럼은 아니지만 멋있어지고 싶은 욕심이 있는 모양이다. 전에는 흰머리가 적었는데 관리를 하지 않은 탓인지 흰머리가 많이 늘었다. 어쩔 수 없이 머리에 염색을 했는데 눈썹은 갈수록 형태가 희미해졌다. 눈썹에 염색을 해 보았지만 큰 효과가 없었다.

어색하고 마음이 불편했지만 아내를 따라가서 눈썹 문신 상담을 받았다. 시작부터 난감하다. 안내 책자에 있는 모델의 눈썹은 다 잘 어울려 보이는데 나에게 맞는 것을 선택하기란 쉽지 않다. 망설이는 내 얼굴에 몇 번이나 눈썹을 그려서 거울을 보여주고 지우는 작업을 반복한 끝에 하나를 선택했다. 꼭 마음에 드는 것은 아니지만 어렵게 내린 결정이었다.

마취 20분, 문신 30분 만에 모습이 달라졌다. 아쉬움 많던 원본은 사라지고 보기에 그럴 듯한 낯선 얼굴이 거울에 나타났다. 반영구적이라는 원장의 자랑을 어쩔 수 없이 받아들여야 했다. 내 눈썹이지만 거울을 보지 않으면 나를 위한 것이 아니다. 문신한 눈썹이 좀 진하기는 하지만 다른 사람 눈에는 엇비슷할 테니 너무 신경 쓰지 않기로 했다. 그동안 시간에 쫓겨 마음의 준비가 되지 않은 채 선택하고 결정한 일들이 어찌 한둘이었는가. 시간이 지나면 익숙해질 것 같다.

다행히 2~3일 후면 40% 정도 옅어진다고 하니 크게 걱정할 일도 아니다. 이제 한달이 지나면 리터치를 한단다. 한 번도 부담스러웠는데 또 시술한다는 말에 불편함을 보였더니, 마무리를 잘해야 고생한 만큼 효과가 있다는 설명에 리터치 날짜를 정했다.

인생도 리터치가 필요하다. 40년 전에 선택한 부부의 인연을 지금까지 잘 지켜왔다. 초심의 사랑이 그대로인지는 자신할 수 없다. 수시로 리터치 하다 보니 균열의 흔적도 세월 따라 희미해졌다. 달콤함은 사라졌지만 편하고 곁에 없으면 허전한 정을 느낀다.

낳아서 가르치고 결혼하여 분가시킨 자식에 대한 리터치가 아직도 계속되고 있다. 죽고 못 사는 부부도 돌아서면 남이 되는데, 한 번 맺은 부모와 자식이라는 인연은 죽더라도 끊을 수 없을 만큼 질기다. 3년째 외손자를 돌보고 있다. 누구는 골프나 해외여행을 자주 하고 있는데 나는 그림의 떡이다. 정해놓고 다달이 받는 육아비도 없다. 아! 참, 사위 회사에서 효도 수당으로 매달 나와 아내 통장으로 각 20만 원씩 들어오기는 한다. 그렇지만 그것은 양육과는 관계없다. 완전 무료 봉사다. 혹시 눈썹 문신 비용으로 땡처리 할 생각이라면 많이 섭섭할 것 같다. 외손자의 재롱이나 웃음이라면 몰라도.

사람이 완벽하지 않은 탓인지 세상 일이 한 번에 완성되는 일이 거의 없다. 목적과 방법이 아무리 훌륭해도 돌아보면 아쉽고 부족한 부분이 있기 마련이다.

그런데 가끔 잊고 사는 감사가 있다. 세상을 살아가는 동안에 내 힘을 의지할 수 없을 때, 기도하고 낙심하지 않는 것은 하나님에 대한 믿음이 있기 때문이다. 부족하고 연약한 나를 수시로 리터치한 그 은혜를 곧잘 망각한다.

고맙게도 딸이 준비한 리터치가 아직 남아 있다. 나이 들어 훈장처럼 늘어가는 검버섯 치료를 예약해 놓았단다. 거절의 핑계도 못하게 연말까지라는 단서를 달아 놓았다. 염색, 눈썹 문신, 검버섯 치료가 세월을 되돌릴 수는 없다. 리터치 덕분에 잊었던 하나님의 은혜를 생각나게 해서 감사하다.

다시 일상으로

같은 날이 계속되면 지루하게 느껴진다. 익숙해서 편안하지만 무언가 아쉬운 마음에 색다른 일을 찾게 된다.

돌보던 외손자 육아에서 해방되니 몸 여기저기에서 삐꺽거리는 소리가 들린다. 그동안 몸이 힘들어도 아파서는 안 된다는 긴장된 마음이 풀어졌기 때문인 것 같다.

일상으로 돌아가기 위해 늘 하던, 해야 할 생활을 다시 점검했다. 먼저 운동이 시급하다. 종아리와 허벅지에 근육이 적어져서 흐물흐물해졌다. 그 근육의 양이 수명과도 밀접하다고 한다.

전에는 골프, 수영, 등산, 산책을 했다. 골프는 어깨가 아직

완전하지 않고 수영은 집에서 가까운 문화센터가 있는데 지금은 빈자리가 없다. 등산은 무릎 관절이 닳아서 의사가 권장하지 않는다. 이런 이유로 선택한 운동이 아쿠아로빅이다.

아쿠아로빅은 수중에서 즐기는 에어로빅이다. 근육의 긴장 및 이완, 운동의 즐거움, 체력 향상 및 건강 유지를 위한 레크리에이션적 요소가 가미된 레포츠이다.

아침 8시에 50분간 하는데 레인이 5개인 크기에 수심이 1.3m인 수영장에서 한다. 수강생은 50대에서 80대인 60여 명이다. 남자는 청일점 나 혼자다. 그래서 그런지 나는 조금 쑥스럽다.

수영복, 수영 모자를 착용하고 보조 기구인 스펀지 막대를 가지고 물에 들어가 음악에 맞춰 강사의 동작을 따라 한다. 꼭 정해진 순서나 동작은 없고 발, 무릎, 허리, 어깨를 앞뒤, 좌우, 위아래로 쉬지 않고 움직인다. 부력 덕분에 체중의 무게를 덜 느끼고 물의 저항으로 움직일 때마다 운동이 된다.

첫날 운동할 때 옆에 있던 여자분이 스펀지 막대로 내게 물을 자꾸 튀기고 너무 가까이 다가왔다. 청일점, 그것도 염색하고 눈썹 문신까지 했으니 50대 후반으로 여기는 것이라고 생각했는데 내가 착각했던 것 같다. 다음 날은 그분의 모습이 안 보였다.

운동을 시작한 지 40분이 지나자 하나 둘 나가는 사람이 생기더니 마지막 정리운동이 끝났을 때는 40명 정도밖에 안 보인다. 내용을 알고 보니 나는 50분이 짧다고 생각했는데 힘들다는 사람이 많다. 더구나 여자 샤워실이 붐비기 때문이란다.

집에 와서 오늘 수업 내용을 아내에게 보충지도를 받았다. 대학 다닐 때 배구와 핸드볼 선수도 했는데 자전거도 못 타는 사람이 지도 조언을 한다. 이번만이 아니다. 수영, 골프를 함께했는데 아내가 실기는 몰라도 이론은 거의 국가대표 수준이다.

자식과 손자를 가르치다가 모두 떠나고 나니 나에게 배정된 시간이 더 많아졌다. 그래도 어쩌겠는가. 손자들이 보고 싶다고 수시로 눈물을 글썽이는데 내가 손자 몫을 감당해야 할 것 같다.

아내의 요구가 많아 힘들다. 외손자가 다니는 국제 어린이집의 알림장을 키즈노트로 볼 수 있다. 영어로 쓰여있는데 번역 프로그램을 이용할 수 있는데도 직접 모르는 단어를 찾아 해석하여 들려준다. 함께 영어 공부를 하자는 것을 거절했더니 영어 강좌를 등록하여 혼자 다닌다. 그뿐만이 아니다. 며느리가 바른 자세 교정 운동이 좋다고 권하여 SNPE 과정까지 다니느라 바쁘다. 나이가 드니 혼자는 외롭고 붙어 있으면 말이 많아서 힘들다. 그래도 그 말만 잘 견디면 자다가도 떡을 얻어먹는다. 자식이 아무리 잘한다 해도 그들은 멀리 있다.

코로나 팬데믹 이후에 시작한 아쿠아로빅 덕분에 아픈 무릎이 많이 좋아졌고 몸이 가볍다. 이것이 다시 돌아온 내 일상이다.

4부
더 나은 내일

봄날은 온다

가을이 깊어 간다. 벌써 11월이다. 떨어지는 낙엽이 슬퍼 보이는 것은 못다 이룬 지난 세월이 아쉽기 때문이다.

버리고 변해야 할 것은 몸만 아니다. 계절을 받아들이는 낙엽처럼 욕심도 비워야 한다. 올해는 가을을 멀리서만 바라보아야 할 것 같다. 그래도 마지막 뜨거운 정열로 붉어지는 단풍 잔치가 서운함은 어쩔 수 없다. 이번 겨울에 잘 견디어내고, 내년에 못다 푼 한을 풀어 보고 싶다.

'이생망'이라는 말을 자주 하는 사람이 있다. 이생망은 이번 생에는 망했다는 말이란다. 월급 받아 집 사는 것이 불가능하고, 취업, 결혼, 교육 등 삶에 좌절감을 느끼는 젊은이들이 내뱉는 말이다. 예전에 흉수저도 있었고 헬조선도 유행했지만 이생망 만큼은 아니었다. 세상은 언제나 힘들고 열심히 노력해도 잘 살기 어려운 것이 사실이다. 그래도 세상은 끝나지 않았고 지금도 살고 있으며 앞으로도 살아갈 것이다. 누구나 힘들면 쓰러질 수 있으나, 일어나지 못한 사람은 사라지고, 다시 일어난 사람은 내일의 밝은 해를 볼 수 있다.

젖은 신발은 다시 젖지 않는다. 이미 젖어버린 신발은 어쩔 수 없다. 그래서 또 신발이 젖을까 염려할 이유가 없다. 오늘의 고난은 이미 젖은 신발과도 같다. 다시 물속에 들어갈지라도 젖은 신발은 더 이상 나빠지지 않는다. 이제는 젖은 신발을 벗고 새 신발을 언제 갈아 신을 것인지 선택만 남았다. 다시 시작해야겠다. 죽이 될지 밥이 될지 모르지만, 우선 밥은 해야 할 것 같다.

세월이 많이 흘러 생긴 주름이 깊게 파인 곳이 많다. 그 주름에 아쉬움은 있지만 슬픔을 말하고 싶지는 않다. 깊어진 주름 하나하나에 쌓인 삶의 추억이 있고 내 삶의 가격이 있기 때문이다. 사람의 삶에도 가격이 있다. 그러나 누구의 삶에 쉽게 가격을 매겨서는 안 된다. 그가 살아온 순간마다 다른 사람이 모르는 이유가 있었고, 그 이유가 오늘의 삶의 가격을 결정하기 때문이다. 인생의 가치는 물질의 풍요에 있지 않고 삶을 누릴 수 있는 시간과 마음에 있다. 아직 내 삶의 가격은 충분히 높다. 남은 세월이 길고 코로나19를 넘어 다시 시작할 마음의 준비가 되어있다.

아직 12월도 지나지 않은 겨울이 팍팍한 느낌이 든다. 언제부터 이 겨울을 느꼈는지 모르게 아득하다. 겨울이 힘든 것은 추운 날씨만이 아니다. 길이 막히고 소식이 끊어지면 외로운 겨울이 찾아왔다. 그렇게 지나온 겨울에는 생각이 많아지고 누구에게 보내지도 못한 그리움을 공책에 끄적거리며 지냈다.

동네 골목길을 가다보면 초저녁인데도 불 꺼진 가게들이 많다. 잎을 떨군 나뭇가지들의 앙상한 모습을 보는 것 같아 마음이 시려온다. 겨울을 지내는 나무처럼 죽은 듯 견디어 내면 봄이 다시 찾아올까? 잎이나 꽃, 열매를 소유하지 않은 나무는 매서운 바람에 흔들려도 눈감고 숨죽이면 견디어내기는 한다. 하지만 임대료, 인건비, 가족을 먹여 살려야 하는 그들의 겨울은 논란이 되는 재난지원금으로 해결할 수 없는 걱정이 태산같이 쌓인다.

1918년 발생한 스페인 독감으로 우리나라에서만 14만 명이 사망했다고 한다. 그때는 원인이나 치료방법도 잘 몰랐으니 사회적 거리두기도 없었던 것으로 안다. 죽기 아니면 살기로 버텨낸 사람들의 후손이 지금의 우리다. 답답한 사회적 거리가 죽음은 피할 수 있으니 견디어낼 이유가 된다.

문제는 먹고사는 일일 것 같다. 어려우면 하루에 두 끼만 먹어도 죽지는 않는다. 단지 위를 쳐다보고 옆을 비교할 때 치솟아 오르는 상실감만 참을 수 있으면 허기짐은 그런대로 견딜 수 있다.

주어진 삶의 시간 속에 내가 세우고 만들었던 것들이 덧없고 하찮게 여겨진다. 생각했던 것을 다 이룬 것도 아닌데 이제는 맺힌 것도 풀어주고 붙잡고 있던 것을 조금씩 놓을 수 있게 되었다.

그래서일까, 오늘의 이 어려움을 견디기 힘들어도 '이 또한 지나가리라'는 소망으로 기도한다.

내 눈에 보이는 것이 다는 아니다. 하나만 생각하며 쏟아냈던 내 말과 행동을 요즘 언론에서 보고 있다. 나의 만족과 이익을 위해 말과 행동이 달랐었다. 부끄럽지 않았고 후회하지 않을 자신이 있었는데 누가 말하지 않아도 지금은 내 잘못이 조금씩 깨달아진다.

다 보지도, 알지도 못하면서 누구 앞에 나서서 나만 믿으라고 소리칠 수 있는 사람은 참 용감한 사람이다. 그러나 한 발 떨어져서 객관적인 판단을 하고 조언하는 사람을 가까이 두지 못하면 그 사람 인생의 봄은 짧고 시샘하는 바람이 거세질 수밖에 없다.

내 인생의 봄도 계절처럼 여러 번, 찾아왔다. 같은 봄이었지만 희망이 되기도 하고 아쉬움으로 지나쳐 버리기도 했다. 돌아보니 삶을 대하는 태도에 따라 모두 달랐다. 많은 재능이나 기회가 아니라 어떻게 노력했느냐가 중요했다. 실수는 세월이 흐르면 고칠 수 있었지만, 포기했던 봄은 세월이 지나도 돌아오지 않았다.

나는 비록 아마추어지만 프로처럼 삶을 살고 싶다. 프로는 날마다 더 나아져야 하고 성실해야하며, 책임을 져야 한다.

원하고 바라고 기도하는 풍성한 삶은 합당한 대가를 지불해야 한다. 은혜를 받았으나 은혜받는 사람의 태도로 살아가지 않으면 그 은혜는 오래 유지하지 못한다. 은혜에 안주하거나 은혜를 잊고 살아서도 안 된다.

언제 우리가 원하는 대로 다 누리고 산 적이 있었는가. 스페인 독감 속에서도, 일제 강점기에도, 6.25와 보릿고개에도 살아남지 않았던가. 많이 먹고 많이 누린다고 다 행복한 것은 아니다. 어려움 속에서도 내가 포기하지 않고 노력하여 이 겨울을 이겨내면 다가오는 봄날은 더 찬란할 것이다.

어제 뒷산 언덕의 개나리 줄기에 작은 잎망울이 맺혀 있는 것을 보았다. 겨울이 깊은 만큼 봄날이 멀지 않았다. 믿고 견디어 내는 사람에게 봄날은 오리라 확신한다.

후회했다

젊어서 안 하던 일을 나이 들어서 실행하게 되었다. 일의 발단은 별것이 아니었는데 자꾸 되풀이되면 피할 수 없는 상황이 되고 마나 보다.

머리 염색을 시작으로 눈썹 문신, 급기야 검버섯 시술까지 하고 말았다. 염색은 약을 바르고 30분쯤 기다리는 것이 조금 불편해도 참을만하다. 한 달에 한 번 미용실에서 염색을 하다가 이제는 집에서 한다. 그때마다 눈썹에도 염색약을 발랐지만 눈썹이 적어 효과가 적었다. 아내의 말을 들었는지 딸이 억지 효도를 했다. 예약도 하고 돈도 지불 했다는데 어쩔 도리가 없었다.

검버섯 시술을 두 번이나 미루었는데 "더 이상 연기하면 올해는 할 수 없어요."라는 병원의 마지막 통첩에 고집을 꺾었다.

상담을 통해 과정을 다시 설명 듣고 얼굴 전체를 시술하기로 결정했다. 돈 걱정은 하지 않기로 마음먹었다.

'내가 받지 않은 양육비가 얼마인데…'

그래도 55만 원은 만만찮다. 그것도 두 사람이나 하려면. 딸이 휴직하고 나서도 아들 둘을 키운다고 현관 앞에 날마다 택배 물품이 쌓였던 걸 생각하면 미안한 마음도 든다.

마취하기 위해 침대에 누우니 주사를 놓는 게 아니라 마취크림을 바른다. 40분 동안 눈 감고 있으니 얼굴이 얼얼하고 피부가 두꺼워진 느낌이다. 아직 시술도 하지 않았는데 변해버릴 내 얼굴이 걱정이 되어 불안하다. 이제는 내 마음대로 하던 세상은 지나가고 아내보다 더 무서운 자식 세상이 되었다는 생각이 슬며시 들었다.

레이저실로 이동하니 의사가 "조금 따끔따끔할 거예요." 한다. 내가 살아오면서 당한 여러 고통에 비하면 그 정도쯤이야 싶었다. 단지 친구 녀석들이 동생 같다며 말을 올리라고 할까 봐 염려스럽다. 아직도 머리카락 색이 까만 친구 S에게 새까만 후배가 맞먹으려 한다고 내가 얼마나 구박했던가. 별별 생각이 다 스쳐 가는데, 기계음이 들리며 송곳으로 얼굴을 찌르기 시작하는 것 같다.

'아이고, 이건 아니다.'

어떤 곳은 살을 도려 파내기도 한다. 더구나 예민한 눈꺼풀이나 귀밑머리 부분을 할 때는 꽉 쥔 손에 땀이 밴다.

'마취를 했다는데도 이렇게 아파?'

말도 못 하고 참으려고 하니 허리가 꼬인다. 정말 후회스럽다. 얼마나 좋은 모습으로 살려고 겪지 않아도 될 고통을 돈까지 주면서 이 짓을 하는지 알다가도 모르겠다.

세상이 좀 그렇기는 하다. 요즈음 말 많은 정치권을 보아도 그렇다. 누구는 꿈이라도 꾸고 싶은 국무총리, 도지사, 검찰총장 등의 자리를 내던지고 고통을 자청하고 있다. 고통이 단순한 육체적 아픔만이 아니다. 오래전에 내가 무심코 했던 말이나 행동이 낱낱이 들추어져 도덕과 양심의 화살로 둔갑한다. 부모, 아내, 자식, 형제들까지 소환되고 벌거벗겨지니 나 같으면 죽어도 못 할 것 같다.

눈물과 땀, 고통이 수반되지 않는 열매가 어디 있겠는가. 분만실에 들어가기 전에 벗어놓은 신발을 보며 다시 못 신을지도 모른다는 마음이 들었다는 아내가 고통을 견디어낸 덕분에 사랑스러운 자식을 볼 수 있었다.

별생각을 다 한다. 대통령이 되려는 사람의 고통이나 어머니의 산고가 검버섯 시술의 아픔과 비교할 수 있겠는가. 그래도 어쩌겠는가. 지금 내가 겪고 있는 고통이 이전의 아픔보다 더 아프고, 전에 당했던 어떤 고통보다 더 심각하게 느껴진다.

마지막 번쩍번쩍하며 피부를 벗겨내는 듯한 아픔을 참느라 온몸에 경직이 일어난다. 눈물은 분명 아니고 땀이 조금 나며 고통이 동반된 이 과정을 견뎌내면 거울 보기가 좋아질까? 후회를 위로로 달래고 있는데 의사의 말이 반갑게 들린다.

"다 끝났습니다. 수고하셨습니다."

마취는 풀렸지만 아직도 얼굴이 얼얼하고 쓰리다. 딱지가 떨어지는 데 열흘이나 걸리고 그 이후로도 선크림을 꼭 바르고 다녀야 한단다. 이런 사실이 번거로워 또 후회했다. 지나고 나면 그저 그런 일이 되기도 하지만, 사람은 되돌릴 수 없을 때 후회를 한다.

잊힌다는 것

이사할 때마다 책이 큰 짐이 된다. 처음은 서재였지만 피아노, 손자의 물품들이 슬금슬금 밀고 들어와 벽 한 편으로 밀려난 서가를 차지한 책들이다. 1천 권도 안 된 책이지만 정리하려면 시간이 만만찮게 걸린다. 이삿짐을 보면 버려야 할 물건이 많이 눈에 띈다. 생활용품의 폐기 처리는 내 권한이 아니지만 서가의 책은 내 의무이다.

아내는 활자의 크기가 작고 표지가 퇴색한 책을 볼 때마다 버리라고 성화를 부렸다. 이런저런 핑계를 둘러댔지만 이제는 막다른 골목이 되었다.

일단은 문제의 책들을 꺼내 놓았다. 누군가 말한 책 속에 숨

겨놓은 비자금을 기대하며 책을 탈탈 떨었다. “툭 툭 툭” 떨어진 몇 개의 눈에 익은 책갈피가 나온다. 그래, 이것은 제자가 선물한 것이다. 그 녀석 잘 사는지 궁금하다. 책장이 접혀진 곳도 여러 곳이다. 색연필로 밑줄이 그어져 있고 여백에 조잡하게 글자가 어지럽다. 이래서 내가 읽은 책은 남에게 잘 주지 않는다. 가끔 전에 읽었던 책을 다시 꺼내 읽을 때는 접혀진 곳, 메모가 있는 곳만 찾아 읽는다. 그때의 느낌과 감정이 되살아오고 새로운 해석과 생각이 떠오르면 그곳에 또 메모를 해둔다. 이렇게 정이 든 책들을 버릴 때는 몇 번이나 생과 사(?)의 갈림길을 오락가락한다. 버려야 하지만 버리고 싶지 않기 때문이다.

욕심 같아서는 누가 이 책을 가져다 보았으면 좋겠다. 하기야 내 자식도 관심이 없는데 기대는 노망에 가깝다. 그래도 내 곁을 떠날 책들이 눈에 밟힌다. 딸을 시집보내는 심정이다. 혹시나 쓰레기로 처리되거나 불쏘시개로 사용될까 봐 마음이 시리다. 딸은 출가했지만 명절에는 온다. 이 책들은 한 번 떠나면 그만이다. 내가 잊어야 한다.

갑자기 눈에 띄는 책이 있다. 처남댁 서가에서 가져온 책이다. 읽고 나서 돌려주려고 했는데 잊고 있었다. 아니 어쩌면 이제는 되돌려 줄 이유가 사라진 듯하다. 주인이 돌아오지 못할 길을 떠났기 때문이다. 책에 남아 있던 온기는 식었지만 글 속에는 처남의 목소리가 살아서 들리는 것 같다.

그가 떠난 지 겨우 한 달이 지났는데 벌써 모습은 아련하고 기억이 아득하다. 생과 사의 경계가 너무 뚜렷하여 사람이 넘지 못할 장벽이 되었다.

누군가에게 잊힌다는 것은 슬픈 일이다. 그것은 그 사람에게 존재의 의미가 사라진다는 말이다. 남겨진 기록이 없으면 추억 속에서도 사라지기 쉽다. 추억하지 않으면 서서히 잊힌다.

결국 이사할 집의 여유 공간만큼만 남기고 책을 버렸다. 무언가 잃어버린 듯 허전해서 서가 앞에서 멍하니 자주 서 있었다. 그런데 계간문예에서 보내온 책과 서점에서 구입한 책이 늘어나면서 떠나보낸 책을 잊었다. '아픔은 사랑으로 잊힌다.'라는 말에 공감이 간다.

아직도 처남의 집에는 책이 가득하다. 출입구, 거실, 서재의 벽에 2중으로 서가가 설치되어 있어 2~3천 권이나 된다.

"이제 산 사람은 살아야 하니 서방님 책을 정리하세요."

내가 처남댁에게 냉정하게 말했지만 엄두를 못 내고 있는 것 같다. 어쩌면 남편과의 이별을 두려워하고 있는지도 모른다. 몸은 떠났지만 마음은 보내지 못한 듯하다. 진짜 이별은 잊힌 것이다.

최근에 내 곁을 떠난 사람이 많다. 젊디젊은 딸을 허망하게 잃은 친구, 남편을 천국으로 보낸 처남댁, 어머니와 꼭 닮은 이모와의 이별, 아버지를 여읜 지인의 아픔은 말로 위로하기 어렵다. 그중에서도 딸을 잃은 부모에게는 위로의 말이 나오지 않았다. 어쩔 수 없는 슬픔이지만 가슴에 묻고 산다는 자식과의 이별은 많은 세월이 지나도 잊히지 않을 것 같다. 그 친구는 생각만 해도 가슴이 아파진다.

나는 누군가의 기억 속에서 잊히고 싶지 않지만, 오늘도 누군가를 잊어가며, 잊을 수밖에 없는 세상을 살아가고 있다.

잊힌다는 것은 슬픈 일이다.

아름다운 풍경

쓰린 속으로 일어나 아침밥을 거르고 한 시간 넘게 대중교통에 시달리며 출근하는 사람이 많다. 이렇게라도 일할 곳이 있는 사람은 몸이 힘들어도 마음은 억지 위로를 하고 산다고 한다. 경기가 어려워져 많은 것이 괘도를 이탈해 버린 요즈음은 어떻게든 살아남기 위해 발버둥친다. 사는 것이 이런 풍경이니 세상이 아름다울 수 없다.

지인 H를 생각할 때마다 마음이 아프다. H는 건실한 유통 회사에서 잘나가는 사람이었다. 경기가 어려워지고 있다는 말을 들었지만 H에게 일어난 일을 보고 실감했다. H는 구조조정이라는 이름으로 회사에서 해고되었다. 자기 능력을 믿었던 까닭에 다른 준비를 하지 않았단다. 석 달을 편히 쉬고 다른 곳에 들어가려고 했는데, 아직까지 일자리를 찾았다는 말을 듣지 못했다. 살던 집도 전세다. 아내가 집을 사자며 안달했지만 애들이 대학을 졸업하면 사자고 미루었는데 집값이 천정부지로 폭등해서 이제는 엄두도 못 낸다. 집 문제만 나오면 아내의 잔소리가 길어지지만 할 말이 없는 처지다. 세상이 참 불평등하다. 믿었던 아들이 군대를 갔다 와서 대학도 졸업했지만 취업은 바늘구멍이다. 이곳저곳에 원서를 내보더니 이제는 집 안에 틀어박혀 한숨만 쉬고 있다. 어쩔 수 없이 아내가 일을 나간 지 6개월이 넘었다. 모든 것이 엉망이다. 아내의 손길이 멀어진 집 안 곳곳에 먼지가 쌓여있고 늘 감사하며 열심이던 믿음 생활도 뒤죽박죽이라고 하소연한다.

내가 초등학교에 다닐 때는 학교 공부가 끝나면 구슬치기, 딱지치기를 하느라 손발이 새까맣게 때가 낀 친구가 많았다. 소 꼴 베기나 염소를 집으로 끌고 가야 하는 친구가 있었지만 지금처럼 학원 다니느라 얼굴이 창백해지지는 않았다. 비록 먹고살기가 힘들었지만 아이들은 아이들답게 세상 걱정 안 하고 살았다.

집에만 있다 보니 종일 TV를 켜 놓는다. 친절함을 넘어 시시콜콜 쏟아낸 말과 말들이 이젠 지겹다. 진실과 거짓이 뒤섞여 분별이 쉽지 않다. 서로를 향해 주장하는 내용이 전에 했던 말과 다르다. 목소리만 커서, 들으라는 사람은 듣지 않고 애꿎은 국민들만 힘든 꼴이다.

거짓은 많은 사람이 그 사실을 지지한다고 진실이 되지 않는다. 민주주의가 다수결로 운영되기 때문에 여론에 따라 국가의 중요한 안건을 결정한다. 그런데 어느 나라, 어떤 정권이든 여론을 자기 입맛에 따라 길들이고 조작하려 했다는 역사가 있다. 그래서 오늘의 여론을 불신한다는 사람을 자주 본다.

아름다운 풍경은 세상의 모든 것이 제자리로 돌아가는 풍경이다. 초심보다 제자리로 돌아가야 한다. 편리함이나 공익, 자유, 인권을 핑계로 자신의 이익, 정권의 욕심을 추구하는 풍경은 아름답지 않다.

아름다운 세상을 위해 꽃 피우기가 참 힘든 모양이다. 우리집 베란다 호접란이 가느다란 줄기에 몇 송이 하얀 꽃을 피웠다. 축하 란으로 내 곁에 올 때는 풍성하고 화려한 모습이었다. 5년을 함께하는 동안 멀어진 관심만큼 꽃보다 잎으로 자리를 차지하고 있다.

어떤 꽃이 제일 예쁜지 물어본 적이 있다. 기대했던 답이 아니었는데도 크게 공감했다. 그 계절에 내가 볼 수 있게 피는 꽃이 가장 아름답다고 한다. 내가 볼 수 있는 꽃, 나를 위해 최선을 다해 피는 꽃, 그런 꽃이 늘 우리를 기쁘게 한다.

사람이 꽃이 될 수는 없다. 하지만 꽃처럼 아름답게 피는 꽃이 웃음꽃이다. 웃음꽃은 얼굴에 핀다. 누구든지 언제나 피울 수 있지만 만나는 사람의 얼굴을 보면 웃음꽃이 많지 않다. 웃음꽃의 토양이 마음에 있는데 각박하고 거칠어진 세상이 웃음꽃의 마음 밭을 메마르게 만든다.

함께 근무했던 여교사 L이 있었다. 그녀는 남편이 뇌출혈로 쓰러져 장기간 입원해 있었는데도 언제나 얼굴이 평온했다. 하나님을 믿고 남편을 신뢰하는 사랑 덕분에 웃음꽃을 잃지 않았다. 퇴원을 앞둔 남편이 자동차를 새로 사겠다는 말을 한다며, 아직 병이 다 낫지 않은 것 같다면서 웃었다.

얼마 전에 모임이 있었는데 L이 좋은 일이 있다고 밥을 샀다. 건강을 되찾은 남편이 인천공항에 취업했고 딸이 국제고에 다니는데 장학금을 받았단다.

웃음꽃을 잘 피우는 사람이 부럽다. 세상이 어느 누구에게만 웃음꽃 복을 넘치게 주는 것은 아니다. 주어진 복에 감사하고 어렵더라도 웃음꽃을 만들어가는 사람에게 복이 넘치나보다.

L과 모임을 갖고 나면 웃음꽃이 전염된다. 아내는 내가 웃음

꽃이 많이 늘었다고 한다. 아마도 L을 보고 닮아가나 보다. 욕심을 줄이니 속이 편해진다. 내 속이 편해야 웃음꽃이 피고 희망이 생긴다.

누구나 아름다운 세상을 바라고 원하며 꿈꾼다. 웃음꽃이 피는 아름다운 세상은 아름다운 풍경이 모여서 만드는 것 같다.

어울리지 않는 옷

내가 요즈음 옷을 골라 입을 때의 기준은 활동하기 편한 옷이다. 다른 사람의 눈을 덜 의식하게 되면서 옷에 대한 기준이 바뀌었다. 그래서인지 내가 외출 할 때면 아내의 잔소리가 많아졌다. 주로 옷을 잘못 입었다는 핀잔이다.

"색깔이 어울리지 않아요. 그 옷은 철이 지났잖아요. 나이 들수록 좋은 브랜드를 입어야 해요."

나에게 어울리는 옷을 찾아 입기 어렵다. 조금 불편하지만 참견하고 잔소리하는 아내가 곁에 있어 다행이라는 생각이 든다. 그래도 외손자가 어린이집에 갈 때 옷 타박을 하면 힘이 든다. 무엇 때문인지 기껏 힘들게 입혀놓은 옷을 다 벗어버리고 다른 옷을 입겠다고 자주 투정을 부린다. 어쩌겠는가, 외손자가 아침부터 울고 어린이집에 간다면 하루가 얼마나 힘들까 하는 생각에 원하는 대로 해준다.

옷의 기능은 보호적 기능과 표현적 기능이 있다. 보호적 기능이 본래의 기능이지만 사회생활이 활발해지면서 표현적 기능이 중요해지고 있다. 옷차림을 통해 그 사람에 대한 여러 가지 정보를 알 수 있다. 제복이나 옷의 메이커로 직업이나 사회적 역할을 나타내기도 한다. 또 자신이 좋아하는 옷차림으로 개성을 표현하고 있어 그 사람의 성격이나 습관도 알 수 있다. 내 마음대로 사는 세상이지만 때와 장소, 목적에 맞는 옷차림은 상대방에 대한 예의이다.

좋아하는 여자 가수가 있다. 좋아하는 이유가 꼭 노래만이 아니다. 웃는 모습이 참 예쁘다. 실눈이 되어 하얀 이를 드러내고 활짝 웃을 때면 마음이 설렌다. 그녀는 TV에 출연할 때마다 참 잘 어울리는 옷을 입고 나왔다.

그런데 얼마 전 인터넷에서 그녀의 기사를 보고 놀랐다. 표절 논란이 된 석사와 박사 학위를 반납하겠다는 내용이었다. 진심으로 사과한다는 말과 그것이 자기와 어울리지 않는 옷이었는데 욕심을 내었다는 말도 덧붙였다. 내가 아는 그녀의 옷과 다른 옷에 많이 실망되었다.

자신과 어울리지 않는 옷을 입으면 본인이 불편하고 때로는 다른 사람에게 피해를 주기도 한다. 옷이 아무리 좋아도 옷에다 내 몸을 맞출 수는 없다. 광고에 나오는 모델이 입은 멋있는 옷을 사서 입은 사람 중에 어울리지 않은 모습을 가끔 본다. 그 사람은 자신을 잘 모르거나 착각하고 사는 것 같다.

지금껏 살아오면서 여러 모임에 참여했다. 모임의 목적이 대부분 친목이었지만 때로는 공적인 모임도 있었다. 나는 분수를 알고 귀찮은 것을 싫어하는 성격 때문인지 회장 자리는 되도록 피했다.

어떤 모임이든 회장은 일에 대한 욕심이 있고 부지런해야 한다. 회원들과 수시로 어울리고 궂은일에 앞장서며 욕을 먹어도 참을성이 필요하다. 일회성 모임의 회장이 아니면 공약에 책임을 지고 뒤처리를 잘해야 한다. 뒤에서 손가락질 당하는 회장을 자주 본다. 잿밥에 눈이 멀어 초심을 잃었기 때문이다. 돈, 명예, 권력, 출세의 징검다리가 된 잿밥은 우선 먹기는 달콤하지만 지나고 나면 독이 되는 경우가 많다.

30년 넘게 이어온 우리 모임의 회장은 연장자가 맡았다. 총무가 실무를 감당했기에 회장이 특별히 할 일은 없었다. 그래도 가끔 사비로 밥을 산 덕분인지 모임의 중요한 의견을 회장이 꺼내면 조금 불편하거나 못마땅하더라도 그대로 결정했다. 최근에는 회장의 인기가 시들해졌다. 장기 집권의 회장이 자진 사퇴하고 나이가 많은 순으로 돌아가며 맡더니 결국은 회장과 총무 역할을 통합하게 되었다. 회비 등 중요한 일은 그렇다 해도 모임의 날짜, 시간, 장소, 음식 등을 정하는 일이 만만하지 않다. 젊어서는 고개 숙이고 양보해야 하는 처지였지만 지금은 어디서나 웃어른으로 모시기 때문인지 참 말이 많다. 자기가 손해 보는 일을 조금도 하지 않으려 한다. 그래도 이 모임은 평온하다. 자주 만나지 않기 때문이다.

회장님은 없고 회장만 있는 모임이나 조직은 많다. 나는 회장님이 될 자신은 없고 회장 하기는 싫어서 순번으로 차례가 된 회장까지 이리저리 핑계를 대고 있다. 아무래도 회장이라는 옷이 내게 부담이 되는 모양이다.

누군가 말한다.

"너, 그 옷 벗고 싶어?"

깜짝 놀라거나 두려움을 느끼는 사람은 그래도 그 옷을 입고 살만한 사람이다. 지킬 것이 없는 사람은 어떤 옷을 입더라도 상관없어한다. 입고 싶은 옷이 있는 사람은 그 옷을 지키기 위해, 더 나은 옷을 입으려고 사는 것이 인생인지도 모른다.

인생의 옷은 자기가 선택한다. 능력이든 기회든 자기 책임이라는 생각을 나이 들수록 자주 한다. 어떤 이유로 그 옷을 입었든 그 옷이 오늘의 자신을 드러낸다. 어쩌다 원하지 않은 옷을 입은 탓에 원하지 않는 일도 해야 한다.

내 옷을 참견하는 아내와 내 인생을 코디해주는 하나님께 늘 감사한다. 가끔 불평 할 때도 있지만 지나고 나면 잘못된 선택, 하지 말아야 할 일이었다는 것을 깨닫게 된다. 조금씩 약해지는 건강과 잘못된 선택을 코디해 주신 은혜로, 남은 삶 잘 어울리는 옷 입고 살기를 소망한다.

마음 설명서

한 해가 또 저물고 새해가 밝았다. 해마다 계속되는 시간이지만 더 늦기 전에 한 해라는 이름으로 매듭을 지어본다. 해야 할 일이나 하고 싶은 목표도 코로나19의 블랙홀에 빨려 들어가 미루고 기다리다가 연말을 맞고 말았다.

그동안 아침 단상을 핸드폰에 글을 쓰면서 불편할 때가 많았다. 남의 글을 인용할 때는 작은따옴표(' '), 직접 하는 말을 쓸 때는 큰따옴표 (" ")를 쓴다. 그런데 핸드폰 문자판에서 그것을 찾지 못해 다른 글에서 복사해서 썼다. 며칠 전 이런 사실을 아내에게 말했더니 "당신, 참 답답하네요. 설명서를 읽어보면 되는데…" 한다.

우리 집에 자동차나 냉장고 등 새 물건을 사면 아내는 며칠에 걸쳐 사용 설명서를 꼼꼼히 읽는다. 반면에 나는 대충 읽고 많이 불편하지 않으면 그냥 참고 지낸다. 그래서 산 지 4년이나 된 자동차의 기능을 잘 몰라 안 쓰는 것이 많다.

다 알려고도 하지 않지만 그래도 꼭 알고 싶은 것이 있는데, 그것이 사람의 마음이다. 40년 넘게 함께 산 아내의 마음이나 내가 낳고 기른 자식의 마음을 몰라서 답답할 때가 자주 있다. 아니, 다른 사람은 그만두고 내 마음의 진실이라도 확실히 알았으면 좋겠다. 그래서 생각한 것이 내 마음 설명서다. 말과 다른 속마음을 확인하거나 흔들리지 않게 지침을 정하기 위해서다.

내가 만든 설명서는 아니지만 내 입맛에 맞아서 자주 애용하고 있는 지침이 있다.

첫째, 사랑은 만기 국채처럼 뭉근하게, 우정은 연금처럼 꾸준하게 한다.

둘째, 감사는 밑반찬처럼 꼼꼼하게, 용서는 동치미처럼 시원하게 하자.

셋째, 호기심은 마음껏 거침없이, 은혜는 대출이자처럼 꼬박꼬박 갚는다.

정해놓은 지침이 아무리 좋고 많아도 실천하지 않으면 무용

지물이다. 마음은 보고 들은 것 때문에 자주 바뀐다. 요즘은 마음이 무너진 사람이 많다. 마음 한 번 잘 못 다스리면 일어서기 어렵게 된다.

고맙게도 내 마음에 힘이 되는 이야기를 들었다. 서민 갑부 송승원 씨는 버려진 나무를 이용하여 조명을 만든다. 나무에 묻은 불순물을 제거하고 오일을 발라 고유의 색과 스토리를 찾아내어 세상에 하나뿐인 조명으로 불을 밝히고 있다. 사람들에게 외면당하던 폐목을 사람들의 관심의 대상으로 바꾼 것이다. 송승원 씨는 자신의 인생도 폐목과 같았다고 말한다. 한때 잘 나가던 사업이 납품한 대금을 떼어 부도가 나자 버려진 인생이 되었단다. 길고 긴 어둠의 터널을 지나며 몇 번의 극단적 선택을 시도한 적도 있지만, 이제는 연 매출 5억 원이 넘는 서민 갑부가 되었다고 말한다. 송승원 씨 사연을 듣고 나니 그 마음이 좀 이해가 되었다. 마음은 말로 표현해야 속마음이 설명 되는 것 같다.

지인 J를 생각할 때마다 마음이 답답하다. 그를 이해할 수 있는 마음 설명서가 있으면 좋겠다. J의 출발은 순조로웠다. 유명 대학을 졸업하지는 않았지만 영어를 잘하는 덕분에 유명한 회사에 들어갔다.

일에 쫓겨 지내다 보니 결혼 적령기를 놓쳤다. 사업은 기틀이 잡혔지만 일흔 살을 훌쩍 넘긴 아버지의 근심이 깊어졌다. 주변에서 소개도 하고 결혼 정보회사를 통해 여러 번 만남을 주선해서 잘 나가나 싶었는데 열매를 맺지 못했다. 부모도 처음에는 안달을 하고 서운한 말을 자주 했지만 체념하고 살다가 세상을 떠난 지 오래다. 잘 나가던 J의 사업이 IMF는 잘 이겨내었는데, 이번 코로나19에는 휘청거리고 있다.

며칠 전 함께한 자리에서 J가 결혼과 사업, 인생에 대한 마음 설명서를 꺼내 놓았다. 지나간 세월이 후회되고 마음이 무거워 힘들어한다. 읽을 수 없는 오늘의 마음이나 불안한 내일의 마음을 누군가에게 꺼내기가 얼마나 어려웠을까. 망설였던 짐을 꺼내 놓고 나니 마음이 편안하단다. 돌아가는 발걸음이 한결 가벼워 보였다.

물건도 아닌 사람의 마음을 설명하기란 쉽지 않다. 그렇다고 잘 알지도 못하면서 다른 사람의 마음을 함부로 읽으면 오히려 덧나는 경우가 있다. 마음은 말로 표현된다. 송승헌 씨나 지인 J의 이야기를 마음 열고 듣고 나니 그 마음이 가까이 다가온다. 무슨 특별한 묘약이 있을 것 같지 않다. 내가 먼저 다가서고 그의 말에 귀를 기울이면 마음이 설명되리라 생각한다.

바지랑대

봄볕이 아지랑이를 피우는 날은 너른 마당을 가로지른 빨랫줄이 무겁다. 겨우내 덮었던 이불과 겨울옷, 내복이 바람에 묵은내를 털고 햇볕에 마른다.

빨래를 널 때는 빨랫줄에 바지랑대를 세운다. 바지랑대는 빨랫감의 무게를 못 이겨 줄이 늘어지면 중간 어디쯤에 세워 빨래가 땅에 닿지 않게 하는 긴 장대이다.

바지랑대는 혼자 서질 못한다. 빨랫줄에 감고 널린 빨래와 균형을 잡아야 바로 선다. 간혹 바지랑대 끝에 참새나 잠자리가 앉기도 한다. 바지랑대가 흔들리는 것은 참새 탓이 아니라 바람에 날리는 빨래와 균형을 맞추기 위해서다.

빨랫줄의 한쪽 끝은 우물가 감나무에 묶었고 다른 쪽 끝은 사랑채 기둥에 묶었다. 빨랫줄은 양쪽 끝을 힘 있게 지탱해 줘야 안심하고 무거운 빨래를 널 수 있다. 하지만 빨랫줄이 길거나 빨래가 무거울 때는 가운데 부분이 처져 빨래가 땅에 닿기도 한다. 이럴 때 빨랫줄의 중간 어디쯤에서 받쳐주는 바지랑대 역할이 아주 중요하다.

목적이 앞서고 결과에 쫓기면 사람이 보이지 않는다. 약속 시간에 쫓겨 자동차로 횡단보도를 빨리 지나가려다 뒤늦게 건너오는 사람 때문에 급히 브레이크를 밟았다. 등에 식은땀이 나고 다리가 떨리며 어지러웠다. 중요하게 생각한 약속이지만 서두르다 사고라도 나면 큰일이다. 정신을 차리고 고개를 드니 플래카드가 보인다.

"멈추면 사람이 보입니다."

'그래, 사람이 먼저다.'

20분이나 늦게 도착하여 변명으로 시작한 사람 이야기가 그날의 중심 화제가 되었다. 그중에서도 P의 이야기가 머리에 오래 남았다.

P는 제법 이름 있는 유통 회사에서 근무한다. 전에도 몇 번 회사 자랑을 했었지만 좀 특이하다는 생각만 들었다. 사장님은

수시로 직원들에게 이런 말을 한단다.

"우리 회사는 사람을 파는 회사입니다. 더불어 물건을 팔기도 합니다."

그런데 이번 코로나19 때문에 경기가 위축되자 감원할 수밖에 없다는 말이 떠돌았다. 분위기가 싸늘해지던 차에 전 직원 소집이 있었다. 굳은 표정으로 나온 사장이 말했다.

"우리 회사는 사람을 파는 회사입니다. 아무리 회사가 어려워도 함께 갑니다."

내가 가는 길, 모이는 곳에는 늘 사람이 있었다. 사람이 전부이고 사람이 가장 소중하다. 배우고 가르치며 일하는 것들도 사람에서 시작하고 사람을 위한 것이다.

사람을 위한다면서 사람을 괴롭히고 심지어 사람을 죽이는 사람은 사람을 잘 알지 못하는 사람이다. 나의 사람이 아닌 사람도 다른 사람의 사람이니 사람은 모두 사람일 수밖에 없다.

사람을 알려면 마음을 알아야 하고 그 마음을 얻어야 내 사람이 된다. 마음을 얻기 위해서는 그 사람의 마음을 움직여야 한다. 마음을 강요해서는 마음이 움직이지 않는다. 말과 행동이 효과적이긴 하지만 마음을 오래 얻기 위해서는 그 사람을 바라보는 눈과 생각이 진실해야 한다.

사람과 사람 사이에도 바지랑대와 같은 역할을 하는 사람이 있다.

C는 승진을 위해 벽지 근무할 때 강화도에서 만난 선생이다. 내 뒤를 이어 교무 부장이 되었다. 교무 부장은 근무 평가 1위를 받기 위해 꼭 필요한 보직이다. 경영 책임자인 교장과 실제 교육 실천자인 교사의 중간 위치에서 의견을 조율하고 궂은일을 솔선수범해야 한다. 업무 추진 능력도 있어야 하지만 서로 의견이 팽팽할 때 직장 분위기를 다독일 수 있는 처세술이 필요하다. 지금이야 교장 보다 교직원의 의사를 더 중요하게 여기지만 당시에는 교장의 명을 받아 업무를 추진하였다.

C는 그런 바지랑대 같은 교무 부장의 역할을 참 잘했다. 그 인연이 요즈음까지 이어져 동호인 모임을 계속하고 있다. 모임의 회원들이 모두 교장 출신이고 나이가 들어 개성이 강하다. 나름대로 목표를 이룬 긍지와 성공한 경험이 가끔 타협 불가의 논쟁이 될 때가 있다. 이때 빛을 발하는 사람이 바로 C이다. 어느 편에 서지 않고 중심을 잡으며 자기의 이익을 양보한다. 아무리 논리가 옳고 말을 잘해도 자기의 이익을 다 챙기면 공감이 가지 않는다. 그때마다 C가 내 기억 속의 바지랑대처럼 보인다.

빨래를 많이 널기 위해서는 빨랫줄이 팽팽해야 좋다. 하지만 빨래가 너무 무겁거나 바람이라도 불면 팽팽함이 독이 되어 끊어지기도 한다. 빨랫줄이 느슨하여 빨래가 땅에 끌릴 듯할 때 바지랑대가 필요하다. 바람에 따라 조금 흔들릴 때도 있지만 빨래의 무게를 조절하여 비스듬하거나 좀 더 곧게 세우면 빨래가 땅에 닿거나 줄이 끊어지지도 않는다.

바지랑대는 빨랫줄 없이는 스스로 서지 못한다. 바지랑대가 바르게 설 수 있도록 양쪽 끝에서 당기는 힘을 서로 조절하면 된다. 빛나는 조연 바지랑대를 닮은 사람이 필요한 세상이다.

살다 보니 바지랑대의 필요성을 절감할 때가 많다. 부부가 의견 충돌이 있을 때 현명한 자식, 날선 정치의 공방 현장에 존경받는 원로의 중재, 원고와 피고의 강한 주장을 다독이고 합리적인 판결을 하는 판사의 모습을 보고 싶다.

귀명창

판소리를 뛰어나게 잘 부르는 사람을 명창이라 부른다. 그 소리에 귀를 기울이고 열심히 들어봤는데 어디까지가 한 단어인지 잘 모르겠다. 느낌은 알겠는데 가사가 잘 들리지 않아서 무슨 내용인지 모를 때가 많다.

어떤 사람은 판소리 공연을 보면서 “얼쑤~ 잘 한다~ 좋다~.” 한다. 이를 추임새라 하는데, 판소리에 꼭 필요한 것이란다.

서양 음악에서는 노래하는 중간에 청중이 손뼉을 치거나 “브라보!”를 외치는 것은 금기시되기 때문에 그들에게는 추임새가 불편한 행동이다. 어느 극장에서는 관객들의 기침소리를 방지하기 위해서 사탕을 준비한다. 그만큼 듣는 사람의 역할도 중요하다는 말인 것 같다. 그래서 옛사람들은 소리를 잘 듣는 사람을 귀명창이라고 불렀다. 판소리를 듣고 감상하는 수준이 명창의 경지에 이르렀다는 말이다.

귀명창을 말하니 K 교감이 생각난다. 그는 직원들 회식 자리에서 마흔 살 노총각에게 농담을 했다. “빨리 결혼해, 너무 늦으면 힘이 떨어져 아기 못 낳을 수 있어.” 결과는 참담했다. 그 교감이 성희롱으로 징계를 받았다. 알려지지 않은 다른 사연이 있었는지는 잘 모르겠지만 소문이 그렇다.

대화의 빈자리를 참지 못하고 허튼소리를 하는 사람이 있다. 그는 어색하거나 분위기를 살리려고 허튼소리를 자주 한다. 말실수는 대개 그럴 때 하게 된다. 허튼소리는 함부로 지껄이는 말이다. 너무 쉽게 꺼낸 말이 돌이킬 수 없는 사건이 되기도 하고 상처로 남아 두고두고 후회하는 결과를 만들기도 한다.

이야기하다가 말을 멈추면 후루룩 차를 마셔도 좋다. 흰죽 같은 말이나 그냥 덤덤하고 심심하며 아무렇지 않은 대화여도 상관없다. 우리가 쉬엄쉬엄 걸으며, 바람에 땀을 식히는 것처럼 대화에 속도를 조절하는 것도 좋다. 허튼소리를 할 바에는.

분위기를 띄우려다 망신을 당한 K 교감이 안타깝다. 그가 시대 흐름을 파악하지 못하고 말실수를 했으나 그게 그런 뜻은 아니라는 그의 변명에 공감이 간다. 남의 위에 선다는 것이 쉽지 않다. 능력만 있어서도 안 되고 품격을 갖추어야 한다. 쉽게 내뱉은 허튼소리가 그동안 서로의 관계에서 쌓인 앙금의 불씨가 될 수도 있다. 그런데도 아쉬움이 남는다.

자신의 말만 옳다고 생각하면 다른 사람의 말이 귀에 잘 들리지 않는다. 말에는 소리와 뜻이 있다. 비록 귀에 들리는 것은 소리이지만 뜻은 마음으로 헤아릴 수 있어야 말을 이해한다고 할 수 있다.

말을 가지고 싸우는 사람들은 말의 소리만 강조하거나 뜻을 자기 식으로 편리하게 해석하는 경우가 많다. 대부분의 사람들은 결국 듣고 싶은 말만 골라서 들으려 한 것 같다.

내 인생의 시계가 벌써 오후 6시쯤 되었나 보다. 세월을 되돌아보니 세상은 언제나 혼탁하고 힘들었다. 내일이라도 당장 내 삶에 종말이 올지 모른다는 불안감이 있다. 하지만 그런 세상이 오늘까지 유지되고 있는 것은 내가 모르는 하나님의 섭리와 누군가가 나를 위하여 노력하고 희생한 결과라는 생각이 든다. 어쩌면 내가 비난하고 손가락질했던 사람이 나를 위해 이해하고 용서하려는 배려의 노력이 있었는지 모른다.

기대만큼은 아니지만 세상이 날로 좋아지고 있다. 가끔 진실을 가린 세상의 짙은 화장에는 아쉬움을 느낀다. 누구도 손해 보지 않는다면 적당히 분칠하며 사는 것도 괜찮다고 생각한다. 하지만 탈바가지는 자신의 정체를 감추는 행위이다. 의도적으로 상대를 속이거나 진실을 감추려는 의도는 오래가지 못하고 용납되지 않는다는 사실을 자주 본다.

여기저기서 허튼소리가 많이 들린다. 허튼소리도 속마음을 헤아려 들을 수 있는 지혜가 있으면 약이 된다. 그 습관을 고치려면 살아온 날 만큼의 세월이 필요할 것 같다.

세상이 각박해져서 명창만 알아주고 또 추구하는 세태라는 생각이 든다. 세상은 명창이 이끌지만 비록 허튼소리일지라도 귀명창하는 인격이 뒷받침하면 행복한 세상이 될 것 같다.

한눈팔기

마스크 착용과 사회적 거리두기로 '방어적 삶'을 살다 보니 삶이 점점 지쳐간다. 우울과 불안이 깊어지면서 스트레스와 분노가 목구멍까지 차오른다. 그래서 시작한 산행에서 M을 만났다. 한 주일에 한두 번씩 얼굴을 보았는데, 한 달째 아무런 소식이 없어 전화했다.

"요즘 얼굴 보기 어렵던데 무슨 일이 있어요?"

"발목 인대가 끊어져 수술하고 깁스를 하고 있네요."

"아니, 어쩌다 발목 인대가 다 끊어져요?"

"한눈팔다 넘어졌어요."

"아직도 한눈을 파세요?" 하고 물었더니 피식 웃는다.

M의 한눈팔기는 사연이 깊다. 고3 때 성적이 전교 10등 안에 들어서 의대 진학반이었다. 도서관에서 공부하다 그녀를 만나 한눈을 팔았다. M은 운명적 만남이라 우겼지만, 그 결과 부모와 담임 선생님의 기대를 저버렸다. 재수까지 하고 나서야 교대에 겨우 들어갔다.

또 한 번의 한눈팔기는 40대 후반에 교감 승진을 준비할 때였다. 교감 승진 계획이 꼬여 실망하고 있을 때, 돈을 잘 버는 친구의 유혹에 넘어갔다. 첫 한눈팔기 때 만난 부인과 노래방을 시작했다. 그 시절 노래방이 호황이어서 5년 동안 많은 돈을 모았다. 하지만 학교와 사업의 이중생활로 너무 지쳤고, 아내가 몸이 아파서 사업을 접었다. 다시 승진의 길로 돌아왔다. 그 한눈팔기 때문에 교감 승진이 늦어서 교장까지는 못하고 퇴임했다. 가끔 그때의 한눈팔기를 아쉬워하면서 지금도 그 습관을 버리지 못하고 있는 것 같다.

한눈팔기란 당연히 보아야 할 곳을 보지 않고 다른 곳을 보거나, 하던 일을 벗어나서 다른 일에 빠지는 것을 말한다. 한눈파는 사람은 대부분 하던 곳이나 일로 다시 돌아온다. 가는 길이 지루하거나 너무 익숙하면 사람들은 한눈을 팔고 싶은 호기심이 생긴다. 목표에 대한 갈망이 약해지기 때문이다. 더러는 한눈팔기로 성공한 사람도 있지만, 나이가 들면 한눈팔기 했던 지난날을 후회하기 예사다.

나에게는 칼 하나가 있었다. 칼은 검처럼 날카로워야 남이나 세상을 향해 능력을 발휘한다. 다르다면 검은 찌르기가 주목적이고 칼은 베는 용도로 쓰인다. 사람에 따라 큰 칼을 쓰는 사람도 있고 작은 칼을 좋아하는 사람도 있다. 수렵하던 세상이 변하기는 했지만 요즘도 세상은 위험이 도처에 수시로 다가오는 정글이다. 정글을 헤쳐 나가기 위해서는 칼이 꼭 필요하다. 그것도 자기에게 알맞은 칼이.

내게 칼이 없던 시절에는 부모의 배경이 칼이었다. 운 좋게도 칼이 된 부모 덕분에 부족함 없이 어린 시절을 보냈다. 그런데 그 칼의 위력이 빛을 잃었다. 아버지의 오랜 투병과 너무나 일찍 내 곁을 떠난 어머니의 빈자리는 세상을 스스로 살아갈 칼을 준비할 기회마저 빼앗아갔다.

경제 발전이 국가의 최고 덕목이었던 시절에 나의 고교 진학은 기술이라는 칼을 선택했다. 칼은 능력이다. 세상을 살아갈 힘은 능력인 칼의 예리함이 결정한다. 학교에서 힘들게 배운 것도 부족하게 여긴 사람들은 사교육에 돈과 시간을 자진 헌납한다. 칼을 갈기 위해서다. 그 칼이 적성에 맞지 않았던지 공고 3년과 졸업 후 1년을 방황했다. 결국 한눈팔기가 된 셈이다.

대학 졸업 후 3년이나 발령을 기다렸다. 답답한 마음에 응시한 지방직 시험에 합격하여 면사무소로 발령을 받았다. 나라의 말단 행정직인 면서기는 할 일이 많았다. 낮에는 담당 마을로 출장 가고 밤에는 담당 업무보다 상급 기관에서 내려온 공문을 처리하기 위해 야근을 밥 먹듯이 했다. 보리 베기가 끝나자마자 목표한 보리 수매를 독려하기 위해 마을에 나가 땀 흘리며 일손을 거들기도 했다. 쌀 생산이 중요한 시절인지라 모내기 실적에 대한 독촉도 날마다 피를 말렸다. 모내기 실적 확인을 위해 항공사진을 찍어야 했다. 천수답도 100% 모내기를 완료해야 했기에 관정을 팠다. 정신없이 근무한 농번기 3개월이 끝났다. 오랜만에 광주 나들이를 했다가 충격을 받았다.

"P는 중등교사 시험에 합격하고, O는 대학원에 진학했다."

교직 복무 의무 기간 5년이라는 족쇄가 있는 탓에 언젠가 발령이 나면 교직으로 돌아와야 했다. 고민하고 망설이다 결국 사표를 냈다. 어쩔 수 없었고 불안한 선택이었지만 또 아쉬운 한눈팔기가 되고 말았다.

M의 이번 한눈팔기 후유증은 꽤 오래갈 것 같다. 덕분(?)에 집콕으로 사회적 거리두기를 잘 지키는 국민으로 표창을 받아야 한다고 너스레를 떤다. 한눈팔기도 학습이 되면 습관이 된

다. 성격 탓이라 변명하지만 나이 들면 책임져야 할 일이 많아서 웃고 넘어가기 어렵다.

나는 요즘 외손자 돌봄 때문에 한눈팔기가 어렵다. 둘째까지 태어났으니 내가 한눈을 팔면 여러 사람의 입에서 곡소리(?)가 나온다.

대면 예배가 금지되니 믿음 생활이 위기다. TV나 인터넷으로 설교를 듣지만 마음과 자세가 자꾸 흐트러지려 한다. 마스크 착용과 사회적 거리두기로 물리적 방역은 하고 있지만 마음 방역이 절실하다. 쉽게 행한 한두 번의 한눈팔기가 인생길에 그림자가 되기도 한다. 요즈음 지난 세월을 자주 되돌아보고 그림자가 된 한눈팔기를 후회한다.

탱자, 강을 건너다

고향 우리 집에서 뒷동산으로 가는 골목에 탱자나무 울타리 담장이 있었다. 지금은 벽돌담으로 바뀌었지만 그때는 흙으로 쌓은 돌담이 대부분이었다. 탱자나무 사이로 집 안이 보이기는 했는데 혹시라도 몰래 담을 넘기에는 가시가 너무 날카로웠다.

탱자나무는 보리가 익어가는 5월이면 잎보다 먼저 하얀 꽃이 핀다. 열매는 둥글고 노란색이며 9월에 익는데, 향기는 좋으나 먹지 못한다.

탱자는 유자가 못된 과실이라고도 한다. '사람'이나 '하찮은 것'을 탱자에 비유할 때도 있다. 그도 그럴 것이 노란 때깔에 끌려 탱자를 따보면 까끌까끌 거리고, 쪼개서 혀라도 갖다 댈 양이면 신맛에 온몸이 진저리가 난다. 그래서 탱자나무 생울타리에 샛노랗게 익은 탱자가 빽빽하건만 아무도 거들떠보지 않는다. 그런 탱자도 강을 건너 따뜻한 강남에 심으면 귤이 된다는 말이 있다. 장소나 환경에 따라 탱자도 귤같이 쓸모 있게 변한다는 이야기다.

정말 탱자 같은 그런 사람이 있다. 내가 가르친 제자였는데 어쩌다 생각날 때면 탱자가 불쑥 떠오른다. 40년 가까이 교직에 있었기에 별별 제자가 있다. 그중에서도 이 녀석은 유별났다. 6학년 담임을 맡아 학년 초에 처음 만났을 때부터 눈에 확 띄었다. 5학년 담임에게 전해들은 이야기도 있었지만 큰 키와 개구쟁이 얼굴에 한숨이 저절로 나왔다.

지금은 상상하기도 힘들지만 우리 반 아이들이 54명이었다. 더구나 그때에는 학급 평균 점수로 반의 서열을 정하였다. 말썽이 난 곳에는 어김없이 그 녀석이 끼어있었고 월말고사를 치르고 나면 종아리가 빨갛게 부풀어야 했다. 지금 생각하면 가슴이 찔리지만, 때려서라도 공부하게 해달란 부모님의 간절한 부탁이 있었고, 그때는 그런 일이 인정되는 분위기였다.

졸업 후 30년쯤 지났는데 그 녀석에게서 전화가 왔다. 물어물어 힘들게 찾았다며 그때 그 제자들이 선생님을 만나고 싶다고 했다. 반가움과 미안함, 걱정이 뒤섞인 마음으로 녀석들을 만났다.

자라는 아이들은 열두 번 변한다는 말처럼 녀석은 기대 이상으로 잘 자랐다. 이제는 탱자가 아니라 든든한 귤이 된 것 같았다. 공부의 강을 건너 그럴듯한 사업가가 되었다고 했다.

얼마 후에 그 녀석에 대한 마음 아픈 소식을 들었다. 젊은 나이에 삶의 또 다른 강을 건넜단다. 서둘러 세상을 떠난 사연을 잘 알지 못하지만 그로 인해 제자들과 만나지 못하고 있다.

그런데 얼마 전에 다른 제자들이 얼굴을 보고 싶다며 연락이 왔다. 퇴색한 사진을 찾아 아스라한 얼굴과 이름을 기억하려고 애썼다.

내가 알지 못했던 탱자가 많은 효능이 있다. 간 해독작용, 아토피 개선, 항암 및 항염 효과, 소화불량이나 다이어트, 노화 예방, 기관지 질환 치료에 도움을 준다고 한다.

쓸모없어 보이는 것도 관심을 갖거나 자세히 알고 나면 좋은 점이 있다. 이 세상에 있는 모든 것은 존재의 의미가 있다. 단지 자신이 그 가치를 발견하지 못했다고 생각한다. 어쩌면 탱자가 강을 아직 건너지 않았는지 모른다.

말을 잃어간다

가을의 전령이 단풍이라면 도시의 가을은 노랗게 물든 은행잎이다. 경복궁 돌담길에 가을이 오면 하늘과 땅이 온통 노란색이다. 나뭇가지에 매달린 은행잎들이 마지막 안간힘으로 세월을 버티어보지만 찬바람 한줄기에 넋을 잃고 만다.

발길에 차이는 낙엽들도 할 말은 있다. 지난여름의 싱싱했던 젊음과 하늘까지라도 닿으려고 내뻗었던 푸른 가지들의 욕망을. 하지만 어쩌겠는가. 세상은 세월을 비껴갈 수 없음을 낙엽이 된 지금에야 깨닫는다. 입은 닫고 말을 잃어가면서 바스락 소리만 처연하다.

할 말이 없는 것이 아니라 내키지 않아서 말을 안 한다. 이런 일이 요즘 들어 부쩍 많아지고 있다. 오랫동안 이어져 온 모임의 단체 카톡방에 댓글 숫자가 줄어들더니 이젠 잠잠하다. 함께 했던 기억의 시간이 멀어지고 익숙해지니 마음마저 무디어진 모양이다.

1시간(시계로 확인 한 것은 아니고 그만큼 길었다) 넘게 수다를 떨고서 나머지는 다음에 하자던 아내의 전화 통화가 뜸해지더니 이젠 30분도 넘지 않는다. 여자들이 중요한 내용도 없는데 쓸데없이 말을 많이 한다고 눈총을 받는 것이 수다이다. 그렇다고 아무나 붙잡고 수다를 떨지는 않는다. 함께 했던 추억이나 공유한 경험이 수다의 물꼬를 튼다. 정해진 무엇을 말하지 않기 때문에 화제가 끝이 없고 크게 공감하지 않아도 "그래그래, 어머, 별일이야!" 하는 추임새만 있으면 시간 가는 줄을 모른다.

말은 생각과 감정을 표현하는 수단이다. 말을 잃어 간다는 것은 사람과의 관계가 멀어지고 감정이 메말라간다는 뜻이다.

귀가 있어도 듣지 못하는 사람이 있다. 그래서 입이나 언론에서 수없이 쏟아지는 함성이나 말들이 갈 곳 없는 낙엽처럼 흩어져 버리고 만다.

마음이 없으면 보아도 보이지 않고, 들어도 들리지 않는다. 젊은 사람들은 '옛날에는…'으로 시작하는 말을 가장 싫어한다. 옛날에는 날마다 끼니를 걱정하며 불편한 생활을 숙명처럼 참고 내일을 바라며 살았다. 하고 싶은 말이 없는 것이 아니라 할 수 없는 말이었다.

세상은 너무 많이 빠르게 변했다. 요즈음 은퇴하는 베이비부머들이 견딜 수 없는 허전함에 가슴앓이를 한다. 국가나 가정의 주도권을 빼앗긴 것은 어쩔 수 없다. 하지만 애물단지 스마트폰에 대한 부적응, 참을 수 없는 사랑의 잔소리를 싫어하는 안타까움에 말을 잃어간다.

들리지 않는 귀를 열려면 마음을 움직여야 한다. 마음은 옳고 그름에 잘 움직이지 않고 따뜻한 감성에 더 쉽게 반응한다. 따뜻함이란 상대의 감정에 공감하고 지지하는 소통이 있는 것을 말한다.

처세학자들은 현명하게 오늘을 성공적으로 살려면 IQ, SQ, MQ를 넘어 NQ를 키워야 한다고 주장한다. NQ란 Network Quotient로 관계지수 또는 공존지수라 한다. 이를 향상시키려면 이성보다 따뜻한 감성이 더 필요하다.

그래서인지 너무 지나친 감성적인 사람들이 우리 주변에 넘쳐난다. 지난 세월동안 억눌렸던 솔직함이 보상을 넘어 반발했다. 제동장치를 조롱하기라도 하듯 한계 없이 터져 나와 서로에게 상처를 키우고 있다.

옳고 그름보다 좋고 싫음이 개인을 넘어 사회나 국가의 의사결정에 기준이 된다면 우리의 미래는 어두워진다. 피할 수 없는 감성세대에 살고 있지만 이성이라는 조그마한 날개라도 달았으면 좋겠다. 그 사람이 싫다고 함께 먹던 우물에 침을 뱉으면 한순간 기분은 시원해진다. 하지만 시간이 지나면 다시 그 물을 먹을 수도 있다.

요즘은 말을 대신한 문자에 더 의존하는 세상이다. 문자라고 해서 종이에 인쇄된 글자만을 말하지 않는다. 핸드폰이나 컴퓨터, 심지어 TV 자막에 나타나는 문자가 대부분의 의사소통을 주도한다.

말은 나도 모르는 누군가에 의해 녹음되고 있기는 하지만, 문자로 오래 남는다는 불안은 더 적다. 내가 잘못한 말에 대해 오리발을 내놓는 사람은 책임을 회피할 수 있는 말의 한시성을 맹신하는 사람이다.

그렇다 해도 할 말을 않고 입을 다물고 있는 것은 있으나마나 한 사람이 되고 만다.

5부

못 다한 이야기

동제각화

이정명의 소설 〈바람의 화원〉에서 세상을 읽어 본다. 정조가 김홍도와 신윤복에게 "도성 안팎 백성들의 있는 모습 그대로를 그려오라."고 지시한다. 같은 제재를 각자의 방식대로 그리는 그림을 동제각화同題各畵라 한다.

첫 번째 제재는 '도성 안의 술집 풍경'이다. 신윤복은 주막 부뚜막에 둘러서서 술을 마시는 관리들과 양반들을 그렸다. 김홍도는 어스름 무렵에 주막에 들른 등짐장수와 봇짐장수를 그렸다.

그들은 대상을 그대로 모사하는 것이 아니라 그리는 대상의 형태를 빌어 자신의 감정을 표현했다. 신윤복의 호사스러운 양반들은 찡그린 표정, 김홍도의 궁핍한 자들은 웃는 얼굴이었다. 신윤복은 그들을 편치 않게, 김홍도는 그들을 한없이 사랑스럽게 생각했다.

눈이 있어도 볼 수 없는 눈이 있고 깨닫지 못하는 마음이 있다. 신윤복의 그림은 눈으로 보는 것이 아니라 마음으로 보아야 화가의 의도를 읽을 수 있다. 그림에서 가장 눈에 띄는 곳에 연분홍 꽃송이들이 화려한 색으로 타오르고 있다. 오후 한나절 대낮이란 뜻이다. 관리와 양반들이 업무를 팽개치고 근무지를 이탈한 것이다.

김홍도의 그림은 하루 종일 시장에서 물건을 팔던 부부가 저물녘에 허기를 달래기 위해 주막에 들른 모습이다. 누추하고 피곤하지만 하루의 삶이 끝났음에 만족한다.

동제각화는 수필에도 있다. 날마다 겪는 비슷한 체험의 빛깔을 작가 나름의 감성과 시각으로 글을 쓴다. 신윤복처럼 세상의 부조리를 불편해하기도 하고, 김홍도처럼 안타깝지만 따뜻하게 공감하기도 한다.

아침단상을 쓰면서 공감이 되는 주제를 선정하기 위해 고심했다. 많은 사람이 익숙한 제재로 스토리를 구성하여 주제에 접근하려고 한다. 아직 필력이 모자라 글의 맥이 매끄럽지 못하거나 문장이 거친 부분이 있어 아쉬움을 자주 느낀다. 누군가의 글과 제목이 같을 때도 있지만 나만의 방식으로 글쓰기가 동제각화가 된 듯하다.

인생도 어쩌면 동제각화의 삶인 것 같다. 태어날 때 백지에다 인생 그림을 그린다. 어렸을 때는 부모의 도움이 크지만 자아가 형성되면서 형제라도 다른 길을 살아간다. 어떻게 그렸건 한 번 그린 인생 그림은 지울 수 없다. 처음에는 가는 길의 방향이 일정하지 않았지만 생각에 중심이 잡히면서 자기만의 모습이 된다. 같은 세상을 살지만 인생의 동제각화는 다른 모습의 그림이 된다.

대통령 선거도 동제각화와 비슷하다. 시험의 주관자는 국민이다. 여론이라는 간이 평가는 물론 선거를 통해 국민의 마음을 밝힌다. 후보자는 정치력, 경제 신념, 외교의 방향, 과거의 행적, 미래의 비전을 제재로 동제각화를 그린다. 단지 다르다면 개인이 아니라 편을 정해 싸운다. 이 싸움은 생사대결이 아니라 비무다. 생사대결은 한쪽이 죽어야 끝나는 싸움이지만 비무는 대통령의 적합성을 국민이 선택하고 그것에 승복하는 것이다.

국민의 마음을 추측할 수는 있지만 누구에게 있는지 아직은 모른다. 각종 여론조사는 국민 마음의 흐름이지 객관성이 확보

된 결과는 아니다. 조사 기관이나 조사 시기에 따라 다르다. 환호하거나 낙담할 필요는 없다. 시간이 부족한 것 같지만 아직도 많이 남아있다. 심판자인 국민은 특정한 몇 사람만이 아니다. 집토끼뿐만 아니라 산토끼의 마음도 붙잡아야 승리한다. 그래도 너무 멀리는 엇나가지 않았으면 좋겠다. 선거가 끝나면 우리는 어차피 함께 살아가야 한다.

누구나 인생의 시련을 거친다. 무엇을 보고 어떻게 느끼며 왜 이 길을 가야 하는지 깨달아야 인생 그림이 빛을 발한다. 그래서 인생 동제각화는 비슷하면서도 다르다. 아직 나의 인생 동제각화는 끝나지 않았다. 그동안 축적된 경험과 생각이 내 방식이 될 것이다. 날마다 새롭게 시작하는 하루하루가 도전이 되고 소망으로 익어가기를 기대한다.

줄을 서다

식당 앞에 줄이 길게 서 있으면 대개 이름난 식당이다. 무언가 남다른 맛이 있다는 증거다.

길을 가다 호기심이 생겨 몇 번인가 그 줄 끝에 서 본 적이 있다. 20분인가를 기다렸다가 먹어 본 음식은 역시 맛이 있었다. 어쩌면 '시장이 반찬'이라는 말처럼 기다리는 동안 충분히 음식에 대한 갈망이 무르익었는지도 모른다. 더구나 많은 사람이 맛있게 먹고 그 맛을 높이 평가하는 마당인지라 기다렸던 시간이 아까워서라도 엄지척 대열에 서슴없이 참여했다.

줄 서기는 어려서부터 길들여진 까닭에 익숙한 습관이다. 학교에 처음 들어가서는 키 작은 사람부터 줄을 섰다. 어머니의 끈질긴 눈짓에 따라 조금이라도 뒤에 서려는 아이들이 많았다. 맨 앞에 섰던 친구의 어머니는 그날 이후 병원을 전전했으며, 키를 키우기 위해 성장촉진제를 끼고 살았다. 그 덕분에 그 친구는 졸업할 때는 중간쯤에 줄을 섰던 것 같다.

"행복은 성적순이 아니다."라는 말이 있지만 이름난 학원 앞에는 줄이 긴 모습을 자주 본다. 코로나19로 학교는 쉬어도 학원은 성업 중이다. 학교가 줄 세우는 임무(?)를 포기한 탓에 성적 높이기가 학원의 주요 역할이 된 듯하다.

요즈음 초등학교는 일제 고사를 통해 서열을 정하지 않는다. 그런데도 가끔 자기 자식이 전교 1등이라는 말을 하는 학부모가 있는데 줄 서는 그 기준을 잘 모르겠다.

초등학교 통지표나 생활기록부에 석차나 '수, 우, 미, 양, 가'가 사라진지 오래되었다. '매우 잘함'이나 '잘함'이 대부분이라서 많은 학부모들이 그 성적을 신뢰하지 못하는 눈치다. 그 덕분에 아이들과 학부모가 성적에 대한 부담감이 줄어든 것 같다. 중학교 반배치 고사 전까지. 올 것은 언젠가는 온다. '참 잘함'에 마취되었던 염려가 본격적인 줄 서기 시험에서 점수를 확인하고는 날선 신경전이 벌어진다. 중학교 반 배치고사 이후에 생긴 어쩔 수 없는 줄 서기의 비극이다.

단기 하사 군 생활이었지만 그 시절을 생각할 때마다 선착순 줄 서기를 잊을 수 없다. 정신자세가 흐트러지거나 교관의 심기가 불편하면 선착순 줄서기를 외친다.

"목표는 전방에 보이는 소나무, 좌에서 우로 돌아 선착순 3명, 실시."

30명의 소대원이 될 때도 있고 10명의 분대원이 대상이 되기도 했다. 3등 안에 든 사람만 앉아서 쉰다. 나는 키가 크지만 달리기를 못해서 죽어라 달려도 3등 안에는 들지 못했다. 4번 정도 하고 나면 녹초가 되어 거의 기어가는 수준이 되고 만다. 더 이상 선착순이 불가능하면 머리를 땅에 박는 기합으로 마무리될 때가 많았다.

친구 녀석은 신통하게도 3번째는 거의 3등 안에 든다. 달리기 실력이 나와 별다르지 않는데도 말이다. 언젠가 밝히는 비법은 이랬다. 처음에는 아무리 용을 써도 안 된다. 모두가 죽어라 뛰기 때문이다. 두 번을 적당히 뛰어 꼴찌에 섰다가 다시 뒤돌아 뛸 때 힘을 내면 3번째는 3등 안에 든다는 것이다.

'미련한 놈, 그렇게 줄 서기를 했으면서도 요령도 없으니…'

직장에서나 정치에도 줄 서기를 잘해야 한다. 지인 P는 능력이 있고 성실하다. 그런데도 그는 승진이 우리보다 5년이나 늦었다. 승진에 필요한 점수를 다 채웠는데 3년의 근무평정 '수'를 획득하지 못했다. 곧 승진할 것이라는 선배의 뒤에서 차례를 기다리다 속 터지는 세월을 다 보냈다. 줄을 잘못 선 결과이다.

요즈음 정치 가에도 줄 서는 모습이 어지럽다. 가던 길을 고집하는 사람도 있고 함께 눈물 흘렸던 사이지만 노선을 달리하기도 한다. 줄은 누군가의 뒤에 선다. 앞에 선 사람을 위해서 줄을 선다고 하지만 솔직히 말하면 자신의 미래를 걸고 투자하는 것이다. 투자 정도로 끝나야 하는 일에 투기하는 모습이 보인다. 투기하고 나면 많은 것을 걸기 때문에 돌아오지 못할 강을 건너기 쉽다. 그래서 줄 서기 효과를 높이기 위해 일찍 선택하거나 어려울 때 줄을 서면 위험 부담은 있지만 공신이 된다.

나도 오래전에 예수의 이름에 줄을 섰다. 줄 서기 기준에 대한 확신은 있어도 줄 서는 자세가 자주 흔들린다. 세상 끝날까지라는 무게가 힘들 때도 있지만 지나온 세월처럼 남은 시간도 주님 안에 살기를 기도한다.

세상의 줄은 길수록 앞자리가 좋아도 줄 서기의 기준이 잘못되면 남은 삶이 힘들어지는 것이 인생이라는 생각이 든다.

좀팽이 클럽

그 많던 모임이 시나브로 사라졌다. 퇴임을 하고 나니 시간은 남아도 모임의 필요성과 열정이 식어가는 듯하다.

이런저런 이유를 만들어 자주 만나게 되면 누군가의 입에서 정기적인 모임을 제안한다. 모임 이름과 회칙이 정해지면 회장 선출에서 시간이 좀 걸린다. 대부분 회장은 연장자이거나 능력(?) 있는 사람이 맡는다. 때로는 나이보다 능력이 우선하기도 한다. 많은 능력 중에도 열정이 있고 밥 한 끼라도 부담 없이 낼 수 있으면 만장일치가 된다.

30년도 더 되는 역사를 지닌 모임이 있다. 직장이 같고 마음이 맞아 의기투합하여 부부동반까지 발전하였다. 모임의 이름은 회원 숫자를 상징하여 정했다. 아이러니하게도 회원이 증감이 있었는데도 이름은 바뀌지 않았다.

어린 자식까지 동반하여 방방곡곡을 돌아다니며 야영을 했었는데 해외여행을 끝으로 내리막길을 걸었다. 누적된 회비가 너무 많아서 말이 많았다. 서둘러 지출을 하여 쌓인 회비가 없어지니 모이자는 말도 뜸해졌다. 그래서 내가 속으로 그 모임의 이름을 좀팽이 클럽으로 바꾸었다. 회원의 숫자가 변해도 상관없고 현대적인 감각과 시류를 반영한 탁월한 작명이라고 자평한다.

회원의 자격을 뜻하는 좀팽이는 좀스럽게 못난 짓을 하는 사람을 말한다. 부모가 지어준 이름은 바람을 담고 있으나 이름대로 살기란 쉽지 않다. 생김새 때문에 좀팽이 클럽에 가입한 사람은 거의 없다. 자기 삶에 지나치게 충실하여 다른 사람을 배려하지 못한 행동이 쌓이면 부지불식간에 좀팽이로 불리고 만다.

요즈음 들어 좀팽이들이 눈에 많이 띈다. 여론으로 추천된 명성이 쟁쟁한 회원들을 관리하기 위하여 정치, 교육, 경제, 종교, 문학, 스포츠, 게임 영역 등으로 분과를 확장했다. 명품이라면 사족을 못쓰는 세상인지라 수석 회원의 명성을 추종하는

'*사모들'의 입회가 폭증할 것 같아 염려스럽기는 하다.

알만한 정치 좀팽이는 깜냥도 안 되면서 다른 사람을 비난하는데 앞장서고 조그마한 이익이라도 챙길 것 같으면 얼굴 내밀지 않은 곳이 없다. 사람의 평가는 자신이 아니라 다른 사람이 한다. 그래서인지 누군가 좀팽이란 말을 했더니 벌컥 화부터 내는 것을 보니 본 클럽의 정치분과장쯤 직책을 감당할 수준이 확실하다.

교장으로 퇴임한 C는 능력 있고 오지랖이 넓어 현직에 있을 때 알아주는 유명 인사였다. 그런데 요즈음 사람이 좀 변했다. 지인들에게 그를 말하면 하나같이 고개를 젓는다. 한 번 우기면 물러서는 법이 없고 모르는 일이 없다는 듯 늘 말이 많다. 성격이 돌연변이가 되어 좀팽이가 된 것 같아 걱정이 된다. 그 사실을 자기만 모르니 불편하고 안타까운 마음을 금할 수 없다.

좀팽이하면 P를 빼놓을 수 없다. 자기 돈을 쓸 때는 엄청 벌벌 떨면서도 공적인 돈에는 대단히 통이 크다. 은근슬쩍 돈 자랑도 수준급이고 자식이나 손자 자랑을 맨 입으로 자주 한다. 사회분과장으로 예약을 고려하고 있다.

모임에는 꼭 이런 사람이 있다. 기껏 정해놓은 모임의 날짜나 장소를 마지막에 가서 갑자기 무슨 일이 있다고 파투를 한다.

더구나 다른 사람을 꼬드겨서 자기 생각을 전달하는 머리가 팽팽 돌아간다. 하지만 깊이가 없는 탓에 말을 듣는 순간 이게 누구의 작품인지 대게 짐작한다.

많은 모임을 하다 보면 이런저런 사람이 있다. 끼리끼리 모인다고 모임의 회원 면면을 살펴보니 낯설지 않다. 바로 내 모습이다. 아웅다웅하며 서로 닮아 간 것 같다. 그렇다고 내가 원로 회원은 몰라도 회장은 되고 싶지 않다.

사람은 자기가 바라는 것을 믿는다. 진실을 보더라도 믿고 싶어 하지 않는 것 같다. 그래서 요즈음 시중에 떠도는 진실은 실체가 불분명하여 시간이 지나봐야 안다는 말을 하는 사람이 많다. 재판이 끝나도 억울하다며 자기만의 진실을 주장하기도 한다. 심지어 마치 절대자라도 되는 양 못하는 말이 없고 오늘만 살 것처럼 행동한다.

이런 사람들까지 좀팽이 클럽의 회원으로 받아들이고 싶지는 않다. 조금은 양심이 남아 있는 좀팽이의 출현을 기대한다. 하지만 여기저기서 좀팽이 닮은 이들이 늘어가고 있어 좀팽이 세상이 될까 걱정이다.

사람의 향기

꽃은 향기로 말한다. 향기의 매력은 퍼짐에 있다. 꽃의 향기는 백 리를 가고, 술의 향기는 천 리를 가며, 사람의 향기는 만 리를 간다고 한다. 그만큼 사람의 향기가 중요하다.

사람의 향기는 오래도록 그 사람을 그리워하게 하고, 가슴 깊이 기억으로 남는다. 사람마다 독특한 향기가 있다. 체취도 있지만 생긴 모습, 말, 행동, 인격이 그 사람의 향기다.

직장 동료들의 성격을 파악해보려고 연구한 적이 있다. 누구 하면 떠오르는 이미지를 다섯 가지씩 적어보게 했다. 스무 명이 써낸 이미지 중 빈도가 가장 많은 다섯 개를 찾으면 그것이 그 사람의 보편적인 성격이다.

사람은 어려운 세상을 살아가기 위해 자기에게 가장 가치 있는 일에 에너지를 소비한다. 사람마다 가치의 기준은 다르지만, 에너지를 소비하는 방법은 몇 가지 유형이 있다. 그것이 성격이다. 두뇌가 발달한 머리형, 관계적인 감정이 민감한 가슴형, 활동적이며 신체적 에너지가 충만한 장형이 그것이다.

성격은 좋고 나쁜 것이 아니다. 성격에 선악을 포함시키면 인격이 된다. 급하다거나, 무뚝뚝한 것이 나쁜 것은 아니다. 단지 하는 일이나 생활이 그 사람의 성격과 잘 맞지 않거나, 말과 행동이 남에게 피해를 주면 나쁜 인격자가 된다.

머리형은 상황 판단이 빠르고 논리적이지만 겁이 많고 실천력이 약하다. 가슴형은 다정하고 세심하며 감성적이다. 그러나 의존적이고 감정의 변화가 많아 변덕이 심하다. 장형은 활동적이고 뒤끝이 없고 추진력이 강하다. 하지만 저돌적이며 남과 잘 충돌한다. 성격은 한창때에 그 특징이 잘 나타나고, 나이를 먹을수록 환경에 적응하기 위해 날개를 단다. 나는 머리형에 가슴형의 날개를 달았다는 말을 많이 들었다.

나는 교육자로 40년을 살았다. 1년에 가르친 아이들을 평균하여 30명이라 한다면 1200명은 된다. 한 해 동안 날마다 부딪히며 생활했으니 제자들은 알게 모르게 내 향기에 물들었을 것이다. 공부 외에도 생활, 생각, 심지어 말투나 제스처까지 닮은 제자가 많다. 그 제자들이 아직도 내 향기를 기억한단다.

초임학교 제자 11명과 날마다 아침단상을 주고받는다. 제자들의 나이가 벌써 쉰 살을 넘었으니 내 향기가 오래도록 멀리 퍼진 것 같다. 가끔 내 향기에 대해 생각한다. 설익은 교사로서 행한 말과 행동, 마음이 앞서 교육이라는 이름으로 체벌도 서슴지 않았던 그 가르침을 제자들은 어떻게 받아들였을까? 돌이켜보면 미안하고 부끄럽다.

지금 쓰고 있는 아침단상도 어쩌면 내 인생의 새로운 향기를 전하고 있는지 모른다. 이런저런 인연으로 아침단상을 보내는 사람을 헤아려보니 단체 153명, 개인 61명쯤 된다. 그 덕분에 힘들다는 코로나19로 멀어진 사회적 거리의 외로움을 잘 견디어 내고 있다.

사람의 향기는 마음으로 전달되기 때문에 더 오래 남는다. 요즘 같은 인터넷 시대에는 SNS를 타고 더 멀리 퍼진다. 누구를 만나느냐에 따라 삶의 생각, 방향과 목적이 달라진다.

좋은 냄새를 향기라 하며 나쁜 냄새를 악취라고 한다. 악취가 한 번 몸에 배면 오래도록 지워지지 않는다. 내가 뱉은 말, 행동, 그리고 나의 글이 향기가 되기도 하고 악취가 되기도 한다. 소망하기는 악취보다 향기로 기억되었으면 좋겠다.

인위적인 향기로 자신을 포장할 수는 있지만 그 향기는 오래 가지 않는다. 어떤 향기가 좋다고 말하기는 어렵다. 사람마다 좋아하는 향기가 있고, 또 그 사람 나름의 특별한 향기가 있기 때문이다.

그런데 사람들은 잘난 사람보다 따뜻한 사람을, 훌륭한 사람보다 편안한 사람을, 대단한 사람보다 마음을 읽어주는 사람을, 말 잘하는 사람보다 말을 잘 들어주는 사람을, 많은 것을 가지고 있지만 부담 주는 사람보다 부족해도 내 편이 되어 주는 진솔한 사람을 더 좋아한다. 이러한 사람의 향기가 더 잘 퍼진다.

사람과 사람 사이에는 보이지 않는 벽이 있다. 인간적으로 친밀한 사이일지라도 일정한 수준의 벽은 반드시 존재한다. 벽을 깬다는 것은 친밀감을 교류하거나 때로는 필요를 넘은 깊은 비밀까지 공유해야 가능하다. 그 사이로 사람의 향기가 스며들고, 보이지는 않지만 만 리까지 퍼지는 것 같다. 어떤 사람의 냄새를 향기로 느끼면 그 사람을 좋아하게 된다. 가끔은 그 향기가 꾸며낸 냄새였다는 사실을 알게 되면 참기 힘든 고통의 냄새가 되기도 한다.

인향만리人香萬里, 두렵기도 하지만 은근히 기대가 되는 말이다. 아직도 내 향기는 새로 만들어져 퍼지고 있다. 그래서 날마다 기도하며 열심히 아름답게 살려고 노력한다.

트로트 세상 속으로

우리 대중가요인 트로트를 한때는 뽕짝이라고 비하했던 적이 있다. 요즈음은 젊은 사람도 트로트 열풍으로 많이 애창한다. 애창한다는 것은 공감하고 사랑한다는 말이다. 그 노래 속에는 세상이 들어있다. 노래를 듣거나 함께 부르면 지나온 세월이 되살아나기도 하고 잊었던 사람이 생각나 눈시울을 적시기도 한다.

노래 가사에 가장 많이 들어 있는 낱말은 사랑이다. 어쩌면 길고 힘든 인생의 강을 견디고, 이겨내기 위해서는 사랑 없이 살 수 없기 때문이다.

사람은 사랑 때문에 울고 웃고, 그 사랑을 위해 한평생 사는 지도 모른다. 그대가 나의 인생이 되기 위해서는 많은 기다림이 필요했다. 좋아하는 마음이야 있었지만 믿음의 확신을 거치는 시간은 늘 불안하고 혼란스러웠다. 사랑할수록 물어보며 확인하고 싶어진다.

그대는 나의 인생, 인생
아직은 아쉬움도 있지만
우린 선택했어요.
꿈과 사랑을 나누어요.

가수 최진희가 90년대에 불러서 크게 히트한 노래 〈그대는 나의 인생〉의 가사이다. 비음이 섞인 음색과 지적인 분위기, 가사 내용에 공감 되어 어지간히 즐겨 불렀다.

백 년을 해로한 부부일지라도 항상 사이좋게 사는 것은 아니다. 때로는 한 침대에 누워 자도 등 돌리고 잘 때가 한두 번씩은 있다. 사랑의 유효 기간이라는 3년만 잘 참아도 대단하다. 남은 세월은 사랑으로 사는 것이 아니라 못 말리는 미운 정, 고운 정 때문에 산다고 한다.

아직은 아쉬움도 있지만. 그렇다. 그대를 사랑해서 결혼하지만 모든 것에 만족한 것은 아니다. 결혼은 서로 부족한 것을 채워가며 만들어가는 과정이다. 그래서 아직은 아쉬움도 있지만 참고 산다.

내 손에 잡은 것이 많아서
손이 아픕니다.
~
우린 늙어가는 것이 아니라 조금씩 익어가는 겁니다.

가수 노사연이 부른 〈바램〉의 가사이다. 이름과 달리 사연이 많은 가수다. 두 살 연하 이무송을 수영장에서 보고 첫눈에 반해 결혼했다. 서른아홉 살에 결혼했지만 28년을 살아온 이야기를 할 때는 힘들었다고 눈물을 흘렸다. 그래서일까, 중저음으로 자신의 삶과 같은 〈바램〉을 부를 때는 듣는 시청자의 가슴이 먹먹해진다.

더 잘 살아보자고, 손에 잡은 것이 많으면 손이 아프다. 놓으면 잃을 것 같으니 마음은 늘 쫓기고 불안해진다. 그 아픔이나 등에 진 짐 때문에 자신이 살고 싶은 삶을 살지 못하는 사람도 있다. 그렇게 살다 정신을 차리면 벌써 귀밑머리가 하얗게 되었다. 사랑한다며 안아 주는 사람이 있기나 한다면, 사막을 꽃길이라 생각하고 자신의 늙음을 익어간다고 위로할 수 있다. 그래서 저 높은 곳에 함께 가야할 사람은 그대뿐이란다.

인생은 생방송 홀로 드라마
되돌릴 수 없는 이야기
태어난 그날부터 즉석 연기로
세상을 줄타기하네
~
인생은 재방송 안 돼
녹화도 안 돼
오늘도 나 홀로 주인공

가수 송대관이 부른 〈인생은 생방송〉 노래의 가사이다. 그는 고등학교를 졸업하고, 1967년에 가요계에 데뷔했지만, 8년 동안 무명으로 생활을 보냈다. 〈해뜰 날〉로 인생의 변곡점을 거치면서 수많은 노래가 히트하여 유명 가수가 되었다.

그가 살아온 인생은 늘 생방송이었다. 남진이나 나훈아의 빛이 너무 밝은 까닭에 무명 세월이 길었던 것 같다. 즉석 연기를 하며 홀로 드라마를 찍었다. 녹화나 재방송이 안 되었기에 아슬아슬한 줄타기 삶이었단다. 끝을 예측할 수 없는 인생, 그러기에 생방송 인생이 어려운 것이 아닐까 싶다.

많은 사람에게 애창되고 오래 기억되는 대중가요는 노랫말이 대중의 심금을 울린다. 가수의 사연을 넘어 대중의 감정을 깨워 추억과 아픔, 눈물을 불러온다.

세상의 그 어떤 것도 영원한 것은 없는 것 같다. 한때 유행했던 패션이나 노래, 정치적 구호들은 세월이 지나면 허망하고 낯설어진 것이 많다. 그래도 트로트에는 추억의 감정이 짙게 남아 있기에 오늘도 흥얼흥얼 따라 부른다.

알쓸신잡

'알쓸신잡'은 알아도 크게 쓸데없는, 신기하고 잡다한 이야기를 말한다. 요즘 세상이 진지한 것보다 썰렁한 이야기에 부담 없이 웃으며 스트레스를 해소하려는 사람이 많다. 그래서인지 TV나 SNS의 선호하는 프로그램이나 내용은 돌아서면 무엇이었는지 생각나지 않는 것들이 대부분이다. 연예인의 신변잡기, 비만을 부추기는 먹방, 세계 각지를 대리만족하는 여행, 자기들끼리 수다 떠는 놀이 프로그램 등이 대표적이다.

무거워야 할 입들이 너무 가벼워졌다. 감성적이라는 명분으로 듣기 좋은 말, 책임질 수 없는 주장을 쉽게 하는 사람에게 이리저리 동조하는 시류가 자주 눈에 띈다. 그저 심심풀이나 '아니면 말고'로 눈길을 좀 끌다가 불리하다 싶으면 미련 없이 손을 털어 버리는 일이 습관이 된 것처럼 보인다.

알쓸신잡은 재미있다. 재미를 위해 목숨 건 사람도 있는데, 따지지 말고 그저 공감해 보는 것도 필요하다. 그래서 하는 말이다. 예쁜 여자와 살면 3년이 행복하고, 착한 여자와 살면 30년이 행복하며, 지혜로운 여자와 살면 3대가 행복하다고 한다. 예쁜 여자를 찾는 남자들이 많은 것을 보면 "예나 지금이나 남자들은 철이 들지 않는다."라는 지적을 받아도 싸다.

믿음이 좋은 목사님 이야기다. 말 목장을 하는 성도가 아파서 심방하여 기도 했더니 치료의 역사가 있었다. 감격한 성도가 말 한 마리를 선물하고 승마가 건강에 좋다고 훈련까지 시켜주었다. 혈통이 좋은 말 덕분에 목사님이 "아멘!" 하면 멈추고 "할렐루야!" 하면 달린다. 은혜가 넘치면 자제하기가 어려운 모양이다. 목사님이 신나서 말을 타고 달리다보니 앞에 계곡이 보였다. 아무리 말고삐를 당겨도 멈추지 않아서 믿음대로 기도 했단다.

"주님, 뜻대로 하시옵소서. 아멘!" 하고 기도했더니 계곡 바로 앞에서 말이 딱 멈췄다. 여기서 끝났으면 좋으련만 감사하는 마음에 "할렐루야!"를 외치고 말았다. 어떻게 되었을까? 결과는 믿음대로 이루어진 모양이다. 그 목사님은 지금 서울의 유명한 교회에서 목회를 잘하고 계신다. 간증 때마다 계곡을 뛰어넘었던 그 이야기를 은근히 자랑하신다.

잘난 사람은 잘난 대로 살고, 못난 사람은 못난 대로 산다.

내가 이루려고, 차지하려고 했던 것들이 꿈만 같고 그림자 같다. 그것들은 한결같이 내 곁에 오래 머물지 않고 스러졌다. 옛날에는 별것 아니라고 여겼던 것들이 지금은 별것이 된 경우가 많다.

아침에 일어나 맑은 정신으로 기도하며 하루를 열고, 의미 있는 삶을 생각하며 글을 쓴다. 별거 아닌 것들이 모여 감사가 되고 또 하루를 살아가는 힘이 된다. 마음을 나눌 수 있는 사람이 있고, 궁색하지 않을 만큼의 재력과 보고 싶은 사람을 만나러 갈 수 있도록 건강했으면 좋겠다. 이런 소소한 것들이 점점 별것이라는 무게를 더한다.

대부분 맛있는 음식은 몸에 해롭고, 재미있는 일이면 공부에 도움이 되지 않는다고 한다. 가는 길이 쉽고 넓으면 바른 길이 아니라는 것을 깨달을 수 있으려면 중년쯤 되어야 가능하단다. 동물은 자신보다 강한 자를 존중하나, 사람은 자신보다 뛰어난 자를 시기하는 성향이 있다. 만물의 영장이 사람이기는 하나, 가끔 동물보다 못한, 동물을 모독하는 주제넘는 사람도 있다. 잘 나가는 사람에게 충고하면 건방진 놈이라고 얻어맞고, 힘든 사람에게 조언하면 네가 나를 얼마나 아느냐고 욕먹기 쉽다. 그래도 할 말은 해야 한다면, 현재 위치가 중요한 것이 아니라, 가고자 하는 방향이 중요하다.

내가 어렸을 때 전부라고 여겼던 구슬이나 딱지가 지금은 별것 아니게 되었다. 그때는 그럴 수밖에 없었다. 살면서 쌓인 마음의 때를 닦고 나면 별것을 구별할 수 있는 지혜가 생기지 않을까 생각한다.

그래도 행복했다

딸네가 외손자를 양육하는 것을 보면서 〈아낌없이 주는 나무〉 그림책이 떠올랐다. 전에는 그저 마음을 울리는 이야기라고만 생각했는데, 갑자기 나는 나무가 되고 소년은 자식이 되어 가슴에 들어와 박혔다.

"나무에게 사랑하는 소년이 있었다. 소년이 어릴 때는 그늘이 되고 놀이터가 되어주며 함께 즐거워했다."

내 자식이 어렸을 때는 퇴근 후에 힘들어도 말이 되어 등에 태우기도 하고 공휴일이면 놀이동산에 데리고 다녔다. 맛있는 음식도 그랬다. 내가 먹는 것보다 자식의 입에 들어가야 내 배가 부른 것 같았다.

“시간이 지남에 따라 소년이 성장하여 나무에게 필요한 돈을 요구하자 나무는 자신의 열매를 따서 팔라고 했다.”

자식이 유치원을 거쳐 학교에 들어갔다. 새로운 것을 배우고 친구들을 사귀면서 요구가 많아졌다. 유명 브랜드 신발에서 시작하여 가방, 점퍼, 핸드폰 등을 사주어야 했다. 아내는 생활비를 절약하느라 말이 많아지고 내 비상금은 늘 바닥이 드러났다.

“소년은 이번에 사랑하는 아내와 살 집을 짓고 싶다고 한다. 그 말을 듣고 나무는 자신의 가지와 줄기를 가져다 쓰라고 한다. 소년은 나무의 모든 것을 잘라서 그것으로 집을 지었다.”

자식이 대학을 졸업하고 오랫동안 취업을 준비했다. 경제적 뒷바라지는 물론이고 자식을 바라보는 부모 마음은 아프고 한숨이 길었다. 친구들 모임에서 자식 이야기가 나올까 봐 이유를 만들어 슬슬 피했다. 자식을 위해서 어떤 일도 할 수 있었지만 이 일만은 엄두를 내지 못했다. 부모 찬스를 잘못 사용해 부모와 자식이 함께 몰락한 사례를 귀가 아프게 듣고 보았기 때문이다.

자식이 직장을 갖게 되자 세상을 다 얻은 듯 했다. 그런데 한두 해 시간이 흐르자 또 다른 고민이 생겼다. 부모의 마지막 관

문 같은 자식의 결혼 문제가 부부의 기도 제목이 되었다. 발 벗고 나서서 소개도 해주고 빨리 결정 안 하면 나가서 혼자 살라고 협박도 서슴지 않았다. 요즈음 젊은이들이 경제적 이유로 자신감이 없다는 친구의 말을 듣고서는 차도 집도 다 사준다고 무리한 공약(?)까지 남발했다.

신혼 초 빈손으로 시작하여 뻔한 공무원 월급 받아서 먹고살고 자식을 키웠는데, 모아놓은 재산이 얼마나 되겠는가. 남은 것이 별로 없다.

"또다시 시간이 흘러, 소년은 이제 노인이 되었다. 노후를 누리며 조용한 삶을 살고 싶어서 나무를 찾아온다. 이제는 아무것도 남아 있지 않은 나무에게, 그저 앉아서 쉴 수 있는 장소를 원한다고 했다. 그러자 나무는 뿌리밖에 없는 그루터기를 의자로 내어주며 마지막 힘을 다해 노인이 앉을 수 있는 자리를 제공한다."

자식을 다 출가시킨 후, 사는 것에 쫓겨 해보지 못했던 일이 못내 아쉬워서 이것저것 시도해 보았다. 주말농장에 빠져 보기도 했고 아침단상을 가다듬어 수필집도 출간했다.

눈이 침침해지고 기력이 달리는 것을 자주 느낀다. 이제는 자식에게 줄 게 거의 없는 줄 알았는데, 어린 손주를 돌보아야 하는 역할이 남아있다. 어깨와 무릎이 성치 않아서 날마다 커가는 손자 녀석들을 안아 주기도 힘들다.

"소년을 사랑했던 나무는 소년을 위해 아낌없이 다 주었다. 마지막 남은 그루터기로 노인이 된 소년의 의자가 되었다."

인생은 어쩌면 평생 자식을 위해 아낌없이 주는 삶을 살아야 하는 것인지도 모른다. 그래도 나는 내가 받은 것을 자식에게 아낌없이 주었다고 생각한다.

그림책의 마지막 줄에 '그래도 나무는 행복했다.'라고 쓰여 있다. 그림책의 나무처럼 내 인생의 마지막 줄에도 '나는 행복했다'라고 쓰고 싶다.

손이 많이 간다

3일 연휴가 너무 길다. 몸은 아픈데 공휴일에 병원이 문을 닫으니 방법이 없어서 마음이 답답하다. 금요일 오후에 눈꺼풀이 가렵더니 붉게 변했다. 다래끼인 모양이다. 엎친 데 덮친 격으로 나을 듯하던 기침이 더 심해졌다. 목이 간질간질하여 기침을 참기 어렵다. 처방받은 약을 열흘 넘게 먹고 있는데도 별 차도가 없다.

토요일, 일요일 이틀 동안 아내가 목감기에 좋다는 마실 것과 눈두덩이에 얼음찜질을 해주느라 바쁘다. 손만 아니라 입도 쉬지 않고 남편 관리에 평생 손이 많이 간다고 푸념한다.

아들까지 동원된 대체공휴일 진료 병원 찾기에 성과가 있었다. 그런데 토요일, 야간, 공휴일 진료는 편리한 대신 30~50%의 비용이 더 가산된단다.

이비인후과에 아내와 아침 일찍 갔는데도 환자가 바글바글하다. 한참을 기다려, 진료를 받을 때 더 심해진 증상을 하소연했다. 의사는 약의 처방을 바꾸고 싶은데 환자가 기존에 먹고 있는 약이 있어 함께 복용할 수 없다고 한다. 나는 혼자 병원에 가면 의사의 질문에 간단히 대답만 한다. 진료 끝나고 나와서 아내가 묻는다.

"전립선 약, 당분간 안 먹으면 안 돼요?"

"아니, 왜?"

"의사가 그 약 때문에 제대로 약 처방을 못한다고 지난번에 말했다는데 몰라요?"

"그랬어? 나는 못 들었어. 안 먹어도 괜찮아."

"아이고, 이러니 병원에도 혼자 못 보내요. 갈수록 정말 손이 많이 가네."

결국 아내가 의사를 다시 면담하여 처방전을 바꾸고 면역력 강화에 좋다는 영양제 주사까지 맞았다.

이제 다래끼를 치료해야 한다. 친절한 네비게이션에게 물어물어 안과를 찾아갔다. 여기도 만원이다. 상관없을 것 같은 시력 검사까지 하고 나서 진료를 기다렸다. 아직 곪지는 않아서 터뜨리지 않고 항생제를 처방한다는 의사 말을 듣고 나왔는데 아내는 한참 더 있다 나왔다. 이비인후과 약봉지의 항생제 처방을 보여 주었더니 중복되면 안 된다고 먹는 약 대신 안약으로 바꾸어 주었단다. 또다시 손이 많이 가는 남편이라는 말을 들을 게 뻔해서 먼저 고맙다고 했다. 남은 세상을 나 혼자 살려면 힘들 것 같다.

밥맛이 없어서 아내가 외출한 틈을 타서 간단히 좋아하는 만두를 만들어 먹기로 했다. 인터넷으로 레시피를 검색하고 재료를 알아보았다.

만두피는 마트에서 사고 냉장고에 있는 돼지고기, 두부, 당면, 숙주, 부추, 대파, 계란, 소금, 묵은지, 다진 마늘, 참기름, 후추까지 꺼내놓고 나니 일이 너무 커진 느낌이다.

레시피에 있는 대로 고기는 볶고 야채는 잘게 썰고 두부 으깨고 숙주를 데쳐 속 재료를 만들다 보니 30분이 넘었다. 이러다 아내가 돌아오면 또 그 소리를 들을까 봐 걱정이 된다.

시간을 줄이기 위해 기껏 만들어 놓은 속 재료 절반을 비닐봉지에 넣어 냉동실 깊은 곳에 숨겼다. 이제 만두를 만들고 찌기만 하면 된다. 그런데 이것도 만만치 않다. 크기가 일정치 않고 모양도 제각각이다.

'에라 모르겠다. 빨리 먹고 치우는 것이 상책이다.'

그래도 보기에 그럴듯하게 빚은 만두를 찜냄비에 넣고 20분을 기다렸다. 맛있는 냄새가 나서 뚜껑을 열고 보니 옆구리가 터진 만두가 많다. 따뜻할 때 먹으려고 젓가락으로 꺼내려고 하니 만두가 서로 붙어서 속 재료가 쏟아져 버린다.

괜찮으면 아내 몫으로 몇 개 남겨 놓으려 했는데 안 되겠다. 양이 좀 많았지만 수저로 꾸역꾸역 터진 만두를 떠먹으며 후회했다.

이래저래 오늘도 손이 많이 가는 하루가 되고 말았다. 혼자 살기가 만만치 않고 힘들다.

선 안과 밖

수학 시간에 선 안과 밖의 논쟁을 벌인 적이 있다. 이상과 이하, 초과와 미만이 헷갈렸다. 이상과 이하가 경계선을 포함한 것이라면 초과와 미만은 경계선을 포함하지 않는다.

세상을 살아오면서 수없이 많은 경계선을 만났다. 그때마다 선 안에서 환호하고 선 밖에서 속 쓰림을 견디기도 했다. 선에 걸친 이상과 이하는 안과 밖에서 필요할 때는 진심을 숨긴 환대를 받기도 했다. 그러나 결과가 확실해지면 냉혹하게도 초과와 미만만 그들의 세상으로 변했다.

단지 선 안과 밖이 바뀌었지만 비슷한 역사는 반복되었다. 그래서 역사의 교훈은 특별하지 않다고 한다. 모두 알고 있으나 잊고 살 뿐이다.

조선시대의 선 안과 밖은 먼 이야기가 아니다. 먹고살기 위함보다 누리고 살기 위해 그들은 무리를 지어 선을 그었다. 그 선이 지역, 학파, 외척이 되기도 했고 의식의 절차를 가지고도 다투었다. 선 안에서 얻거나 선 밖에서 잃은 것이 단순한 권력만이 아니다. 자기의 목숨을 담보하거나 가족까지 모든 것을 걸기도 했다.

그 선은 지겹게도 이어졌다. 잃었던 나라를 겨우 찾은 광복 후의 찬탁, 반탁은 남과 북으로 나뉘는 빌미가 되었다. 6.25는 이념으로 인한 동족상잔이었는데 밤과 낮으로 선이 바뀌는 동네에서는 목숨이 간당간당 하는 선택의 생명선이었다.

조금 살만해지니 군부와 민주, 가진 자의 보수와 평등의 진보로 나뉘었다. 이제는 친**, 반**으로 편을 나누어 광화문, 언론, SNS 상에서 시끄럽다.

그렇다고 누구를 탓할 일은 아닌 것 같다. 나도 좋아하는 프로야구를 보면서 승패에 사로잡혀 애꿎은 선수에게 환호와 비난을 보낸다.

인생은 정치만이 아니다. 사는 것 모두가 모양만 다를 뿐 사람 사는 세상은 선 안과 밖의 다툼이다. 지나고 나면 허망함을 깨닫게 되지만 그 순간에는 보이지 않는 모양이다.

역사를 말하는 것은 그와 같은 잘못된 역사를 되풀이하지 않기 위한 반성이다. 그럼에도 가끔 앞으로 나아가기 위한 반성이 아니라 오늘의 욕심에 휩쓸려 그렇고 그렇게 행동한다.

인생의 정답은 있는 것 같지만 잘 모르겠다. 사람들이 저마다 말하는 정답은 각자가 살아온 인생 전력에 근거한다. 나도 내 나름대로 깨달은 답을 정답이라 믿고 산다.

예술과 외설에 대해서도 아슬아슬한 선을 말한 사람이 있다.

"예술 작품을 보면 마음이 뿌듯해지고, 외설 작품을 보면 육신이 뿌듯해진다." 결국 예술과 외설의 경계가 선 하나의 안과 밖인 것 같다. 그 경계선을 넘을 것 같으면서도 넘지 않아야 예술이 된다.

복어는 피에 강한 독성이 들어있어 회를 잘못 먹으면 목숨을 잃는다. 그런데 미식가들은 말한다.

"진짜 복어 회의 맛은 피가 적당히 남아 있어야 맛이 있다."

일본에 유명한 복어 요리 전문가가 있었다. 그는 어처구니없게도 복어 회를 먹고 사망했다. 최고가 그냥 되는 것이 아닌 모양이다. 삶과 죽음의 경계에 가까이 갈수록 최고가 된다. 하지만 아무리 전문가일지라도 그 선을 넘으면 누구나 죽는다.

어디 예술뿐이겠는가. 명품과 짝퉁, 신자와 사이비 신자의 믿음, 애국과 매국의 진실, 사랑과 불륜의 도덕에 경계선은 있지만 자기 기준일 때가 많다. 내가 하면 로맨스, 남이 하면 불륜이라고 하듯이

'어쩌면 내가 정한 기준으로 경계선을 벌써 넘지 않았을까? 지금이라도 돌아가야 하지 않을까?'

그러나 나는 최고가 되기 위해 목숨 걸고 경계선을 넘고 싶지 않다. 내가 갈 수 있고 가야 할 길에서 분수를 지키며 살려고 노력한다. 오늘도 나는 선 밖에서 선 안을 기웃거린다. 아니다. 선 안에서 선 밖으로, 선 밖에서 선 안을 무시로 넘나들고 있는지도 모르겠다.

문풍지가 운다

문풍지가 부르릉 부르릉 운다. 문풍지 소리가 초저녁부터 잠에 곯아떨어졌던 나를 깨운다. 우리 집은 한옥이라 겨울이면 외풍이 심하다. 방바닥은 뜨겁건만 이불 밖으로 얼굴을 내밀면 코끝이 시리다.

안방에서 어머니의 다듬이 소리가 들린다. 밤이 깊었는데도 바람을 달래기라도 하는 듯 조근 조근 다독인다. 아직 아버지가 들어오시지 않은 것 같다. 문풍지 소리가 커지며 멀리서 개 짖는 소리가 어둠을 갈라놓는다. 다듬이 소리가 끊어졌다 다시 이어진다. 어느 집에 누군가가 돌아오는 모양이다. 밤은 깊어 가지만 불 꺼진 창문이 뿌옇다. 눈이 쌓인 산과 들이 달빛에 부서

지며 어둠을 몰아낸다.

우리 집 내 방은 여닫이문이었다. 지은 지 오래된 탓에 문 아귀가 딱 맞아떨어지지 않았다. 바람도 들어오지만 집 안의 말소리가 그대로 들린다. 그래서 아침에 누가 깨우지 않아도 늦잠을 자지 못한다.

가을이 되면 창문을 바른다. 뚫어진 창구멍도 메우고 문풍지를 달아 겨울을 준비한다. 문풍지는 벌어진 문 틈 사이로 스며드는 찬바람을 막기 위해서다. 문과 문 사이와 문과 문틀 사이에 종이를 덧대어 틈을 막는 것이 문풍지이다. 창문 틈을 통해 벌레가 들어오기도 한다. 문풍지가 찬바람만 막는 것은 아니다.

아랫목에 솜 이불하나로 온몸을 녹였던 때가 있었다. 내가 이불을 당기면 동생 발목이 나오고, 동생이 당기면 내 어깨가 드러나 시렸다.

춥고 배고팠던 시절, 구멍 난 문풍지 우는 소리와 어머니 다듬이 소리가 바람 부는 겨울이면 들린다. 그때는 그 소리가 자장가 소리였다.

지금도 문풍지를 붙이는 사람이 있다. 문풍지 재료가 달라졌지만 역할은 같다. 텔레비전이나 피아노 소리가 새어나가는 것을 줄여 준다. 아무리 나에게 좋은 소리도 다른 사람에게는 소음이 되기도 한다.

같은 뜻으로 모였다는 단체에서 가끔 듣기 싫은 소음이 들린다. 사람 사는 세상이 조용할 수는 없다. 죽은 세상은 말이 없고 조용하다. 그래도 그렇지, 자기 하고 싶은 말을 다하고 살면 내 속은 편할지 모르지만 듣는 사람은 힘들다. 많은 사람이 보고 듣고 있으니 문풍지라도 달았으면 좋겠다. 그 소음이 문풍지를 단다고 다 없어지는 것은 아니다. 혹시나 그 소리를 문풍지 소리로 흘려듣는 사람도 있을지 모른다.

겨울이 깊어 간다. 세상 바람도 겨울바람 못지않게 춥다. 따뜻한 아파트 침대에 누워 있는데도 문풍지 소리가 환청처럼 들린다. 그리운 어머니의 다듬이 소리처럼.

계간문예수필선 127

김창희 수필집 _둠벙을 푸다

초판 인쇄 2024년 4월 05일
초판 발행 2024년 4월 10일

지 은 이 김창희
회　　장 서정환
발 행 인 정종명
편집주간 차윤옥

펴 낸 곳 도서출판 계간문예
주　　소 03132 서울 종로구 삼일대로 30길 21 종로오피스텔 1209호
전　　화 (02) 3675-5633 팩스 (02) 766-4052
이 메 일 munin5633@naver.com
홈페이지 http://cafe.daum.net/quarterly2015
등　　록 2005년 3월 9일 제300-2005-34호
연 락 처 03132 서울 종로구 삼일대로 32길 36 운현신화타워 305호
인　　쇄 54991 전북 전주시 완산구 공북1길 16, 신아출판사
ISBN 978-89-6554-291-9 04810
ISBN 978-89-6554-133-2 (세트)

값 15,000원